ŒUVRES COMPLÈTES

DE

SIR WALTER SCOTT.

Traduction Nouvelle.

PARIS,

CHARLES GOSSELIN ET **A. SAUTELET ET C°**

LIBRAIRES-ÉDITEURS.

M DCCC XXVII.

H. FOURNIER IMPRIMEUR.

ŒUVRES COMPLÈTES

DE

SIR WALTER SCOTT.

TOME QUARANTE-TROISIÈME.

IMPRIMERIE DE H. FOURNIER,
RUE DE SEINE, N° 14.

KENILWORTH.

(𝔎𝔢𝔫𝔦𝔩𝔴𝔬𝔯𝔱𝔥.)

TOME SECOND.

« Point de mauvais propos sur la reine Elisabeth, j'espère ! »
SHERIDAN. *Le Critique.*

KENILWORTH.

(Kenilworth.)

CHAPITRE XIII.

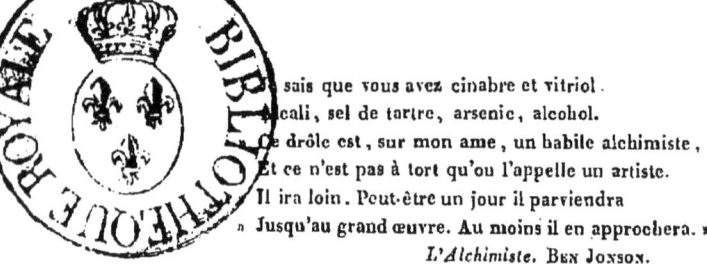

« ...sais que vous avez cinabre et vitriol.
Alcali, sel de tartre, arsenic, alcohol.
Ce drôle est, sur mon ame, un habile alchimiste,
Et ce n'est pas à tort qu'on l'appelle un artiste.
Il ira loin. Peut-être un jour il parviendra
Jusqu'au grand œuvre. Au moins il en approchera. »

L'Alchimiste. Ben Jonson.

Tressilian et sa suite, composée de deux personnes, mirent la plus grande célérité dans leur voyage. A l'instant de son départ, il avait demandé à Wayland s'il ne voudrait pas éviter le comté de Berks, dans lequel il avait joué un rôle si brillant. Mais Wayland lui avait répondu qu'il n'avait pas la moindre crainte; et dans

Tom. XLIII.

le fait il avait employé le peu de temps qu'il avait passé au château de Lidcote-Hall à se métamorphoser complètement. Sa barbe touffue avait été réduite à deux petites moustaches sur la lèvre supérieure, retroussées à la mode militaire, et un tailleur du village, bien payé, avait si bien exercé ses talens, en se conformant aux instructions de Wayland lui-même, qu'il avait changé chez lui l'*homme extérieur*, de manière à le rajeunir de vingt ans. Avec un visage et des mains noircis par la fumée et par le charbon, des cheveux en désordre, une barbe longue et malpropre, une taille courbée par la nature de son travail, et une peau d'ours pour vêtement, on aurait pu lui donner cinquante ans; mais alors, portant la livrée de Tressilian, l'épée au côté, un écu sur l'épaule, il ne paraissait avoir que son âge véritable, c'est-à-dire une trentaine d'années. Au lieu d'avoir l'air d'un sauvage échappé des bois, il semblait un gaillard alerte, éveillé, et hardi jusqu'à l'effronterie.

Tressillian lui ayant demandé la cause d'une métamorphose si complète et si singulière, il ne lui répondit qu'en chantant deux vers d'une comédie alors toute nouvelle, et qui faisait juger favorablement du génie de l'auteur. Nous sommes charmés de pouvoir les citer :

> Ban, ban ça, Caliban,
> A nouveau seigneur
> Nouveau serviteur (1).

Ces vers, dont Tressilian ne se souvenait nullement, lui rappelèrent pourtant que Wayland avait été comédien, circonstance qui expliquait comment il pouvait si

(1) *La Tempête.* Shakspeare.

facilement changer son extérieur. Wayland se trouvait lui-même si bien déguisé qu'il regrettait de n'avoir point à passer près de son ancienne demeure.

— Sous mon costume actuel, dit-il, et à la suite de Votre Honneur, je me hasarderais à faire face au juge Blindas le jour des sessions, et je voudrais savoir ce qu'est devenu Flibbertigibbet, qui fera le diable dans le monde s'il peut rompre ses lisières et échapper à sa grand'mère et à son magister. Je serais bien aise aussi de voir le dégât qu'a fait l'explosion parmi les fioles et les creusets du docteur Démétrius Doboobius. Je réponds que ma renommée vivra dans la vallée de White-Horse long-temps après que mon corps aura disparu de ce monde ; plus d'un paysan viendra encore attacher son cheval à l'anneau, déposer son groat d'argent sur la pierre du centre, et siffler comme un marin pendant le calme (1), pour appeler le maréchal du diable ; mais les chevaux auront le temps de gagner la morve avant que je m'amuse à leur attacher un fer.

A cet égard, Wayland ne fut pas un faux prophète : les fables s'accréditent si facilement que la tradition de ses talens dans l'art vétérinaire s'est propagée jusqu'à nos jours dans la vallée de White-Horse (2), et, quoique couverte d'un peu d'obscurité, la mémoire des faits et gestes du maréchal Wayland ne s'est pas moins conservée dans le comté de Berks que celle du célèbre Pusey-Horn (3) et celle de la victoire d'Alfred.

(1) L'habitude de siffler pendant le calme n'est plus que machinale ; mais dans des temps plus superstitieux, ils croyaient par-là souffler le vent. — Éd.
(2) *Voyez* Camden.
(3) Roi du pays de Galles.

L'empressement qu'avait Tressilian d'arriver au but de son voyage faisait qu'ils ne s'arrêtaient que le temps nécessaire pour rafraîchir leurs chevaux ; et comme le comte de Leicester, ou les gens qui étaient sous sa dépendance immédiate, avait une grande influence dans la plupart des endroits par où ils passaient, ils jugèrent à propos de cacher leurs noms et le motif de leur voyage. Lancelot Wayland, car tel était son véritable nom, semblait prendre plaisir à déjouer la curiosité des aubergistes et des garçons d'écurie, et à leur donner le change ; pendant ce court et rapide voyage, il fit courir sur le compte de son maître trois bruits différens et contradictoires. Ici Tressilian était le lord député (1) d'Irlande, venu incognito pour prendre les ordres de la reine relativement au fameux rebelle Rory Og Mac Carthy Mac Mahon ; là c'était un agent de *Monsieur*, envoyé pour solliciter la main d'Élisabeth ; ailleurs c'était le duc de Médine, déguisé, arrivé pour arranger le différend qui existait entre la reine et Philippe, roi d'Espagne.

Tressilian n'était pas très-content de toutes ces fictions, et il se plaignit plusieurs fois à Wayland qu'il en résultait plusieurs inconvéniens, et notamment celui de fixer l'attention sur lui d'une manière trop particulière. Mais son écuyer l'apaisa par un argument irrésistible : — Chacun reconnaît en vous, lui dit-il, un homme d'importance ; il est donc indispensable de donner quelque raison extraordinaire pour justifier la rapidité et le secret de notre voyage.

A mesure qu'ils approchaient de Londres, l'affluence des étrangers devenant plus grande, leur présence ne

---

(1) Lord vice-roi. — Éᴅ.

provoqua plus ni curiosité ni questions ; enfin ils entrèrent dans cette ville.

Tressilian avait dessein de se rendre sur-le-champ à Say's-Court, près de Deptford, où lord Sussex résidait alors, afin de se trouver plus près de Greenwich, séjour favori d'Élisabeth, et où était née cette princesse. Il était pourtant nécessaire de faire une courte halte à Londres, et elle fut prolongée par les instances que fit Wayland pour qu'il lui fût permis de faire une course dans la Cité.

— Prends donc ton épée et ton écu, lui dit Tressilian, et suis-moi. J'ai dessein moi-même de me promener, et nous irons ensemble.

Il avait un motif secret pour agir ainsi. Il n'était pas encore assez sûr de la fidélité de son nouveau serviteur pour le perdre de vue dans un moment où deux factions rivales étaient en présence à la cour d'Élisabeth. Wayland consentit à cet arrangement, mais il stipula qu'il lui serait permis d'entrer dans telle boutique de droguiste ou d'apothicaire qu'il jugerait à propos, et d'y acheter des drogues dont il avait besoin. Tressilian ne lui fit aucune objection ; et, en parcourant les rues de la Cité, ils entrèrent successivement dans quatre ou cinq boutiques, dans chacune desquelles Tressilian remarqua que son compagnon ne prit qu'une seule drogue en diverses doses. Celles qu'il demanda d'abord se trouvèrent aisément, mais il eut plus de difficulté à se procurer les autres. Ce ne fut pas sans surprise que Tressilian le vit plusieurs fois refuser la drogue ou la plante qu'on lui offrait, et l'aller chercher ailleurs s'il n'était pas servi selon son désir. Il y eut pourtant une drogue qu'il parut presque impossible de trouver. Ici on ne la connaissait pas; là on prétendait qu'elle n'existait que dans le cerveau dérangé de quelques alchimistes; ailleurs on offrait d'y substituer quelque autre ingrédient qui, disait-on, avait la même vertu, et dans un degré supérieur; presque partout on montrait un certain degré de curiosité sur l'usage qu'il en voulait faire. Enfin un vieil apothicaire lui répondit franchement qu'il chercherait inutilement cette drogue dans tout Londres, à moins qu'il n'en trouvât par hasard chez le juif Yoglan.

— Je m'en doutais, dit Wayland à Tressilian en sortant de cette boutique. Je vous demande pardon, monsieur, mais le meilleur ouvrier ne peut travailler sans outils. Il faut que j'aille chez ce juif, et si cette course retarde votre départ de quelques instans, vous en serez bien dédommagé par l'usage que je ferai de cette drogue rare et précieuse. Mais permettez-moi de marcher devant vous, car nous allons quitter la grande rue, et nous irons plus vite si je vous montre le chemin.

Tressilian y consentit, et suivit son guide, qui prouva qu'il connaissait parfaitement ce quartier de la Cité en le conduisant à grands pas et sans hésiter à travers un véritable labyrinthe de petites rues, d'allées et de passages. Enfin il s'arrêta au milieu d'une rue étroite, au bout de laquelle on apercevait la Tamise, et les mâts de deux bâtimens qui attendaient la marée pour partir. La boutique où ils s'arrêtèrent n'était pas fermée par des croisées vitrées comme celles de nos jours; elle était protégée par une espèce d'auvent en grosse toile, et le devant en était entièrement ouvert, comme le sont encore aujourd'hui celles des marchands de poissons. Un petit vieillard dont l'extérieur n'annonçait pas un juif, car il avait les cheveux blonds et le menton rasé, se présenta à eux, et leur demanda ce dont ils avaient besoin. Wayland ne lui eut pas plus tôt nommé la drogue qu'il cherchait que le juif fit un mouvement de surprise.

— Et quel besoin, mon Dieu! peut avoir Votre Honneur d'une drogue que personne ne m'a encore demandée depuis quarante ans que je suis apothicaire dans cette rue? répondit le juif dans son jargon.

— Je n'ai pas à répondre à ces questions, dit Wayland; je désire seulement savoir si vous avez la drogue que je vous demande, et si vous voulez m'en vendre.

— Si j'ai cette drogue, Dieu de Moïse! oui sans doute, je l'ai. Pour ce qui est de la vendre, ne suis-je pas marchand? A ces mots il lui présenta une poudre. Mais elle est bien chère, continua-t-il, je l'ai payée son pesant d'or, et de l'or le plus pur; elle vient du mont Sinaï, où notre bienheureuse loi nous fut donnée, et c'est une plante qui ne fleurit qu'une fois par siècle.

— Peu m'importe tout ce verbiage, dit Wayland en regardant d'un air de défiance dédaigneuse la poudre que le juif lui offrait; mais ce que je sais fort bien, c'est que la méchante drogue que vous me présentez en place de celle que je vous demande, se trouve dans les fossés d'Alep, et qu'elle ne coûte que la peine de l'y ramasser.

— Eh bien, répondit le juif d'un air encore plus surpris, je n'en ai pas de meilleure; et quand j'en aurais, je ne vous en voudrais pas donner sans un ordre du médecin, ou sans savoir l'usage que vous en voulez faire.

Wayland fit une courte réponse dans une langue que Tressilian ne put comprendre. L'étonnement du juif parut redoubler. Il ouvrit de grands yeux, et les fixa sur Wayland de l'air d'un homme qui, dans un étranger en apparence humble et ignoré, reconnaîtrait tout à coup un héros illustre, un potentat redoutable.

— Saint prophète Élie! s'écria-t-il après s'être remis des premiers effets d'une surprise qui l'avait comme étourdi. Et passant rapidement de ses manières bourrues et soupçonneuses à l'air le plus soumis et le plus servile : — Ne me ferez-vous pas l'honneur, lui dit-il, d'entrer dans mon humble demeure, et de lui porter bonheur en y posant vos pieds? Refuserez-vous de boire un verre de vin avec le pauvre juif Zacharie Yoglan? Voulez-vous du vin d'Allemagne... du Tokai... du Lacryma?

— Vos politesses sont hors de saison, dit Wayland; donnez-moi ce que je vous demande, et trêve à vos longs discours.

L'Israélite prit son trousseau de clefs, et ouvrant avec circonspection une armoire qui paraissait fermée avec plus de soin que toutes les autres de la boutique, il poussa un ressort qui fit sortir un tiroir secret, couvert d'une glace, et dans lequel se trouvait une petite quantité d'une poudre noire. Il l'offrit à Wayland d'une manière qui semblait annoncer qu'il ne pouvait rien lui refuser; mais que c'était à contre-cœur et avec regret qu'il cédait un seul grain de ce trésor; ces deux sentimens semblaient se combattre sur sa physionomie.

— Avez-vous des balances? lui demanda Wayland.

Le juif lui montra celles dont il se servait habituellement dans sa boutique, mais avec une expression de doute et de crainte si prononcée, qu'elle ne put échapper aux yeux pénétrans de Wayland.

— Il m'en faut d'autres, lui dit-il d'un ton sévère. Ne savez-vous pas que les choses saintes perdent de leur vertu, si on les pèse dans une balance qui n'est pas juste?

Le juif baissa la tête, et tira d'une petite cassette garnie en acier une paire de balances richement montées. — Ce sont celles dont je me sers pour mes expériences de chimie, dit-il en les présentant à Wayland; un poil de la barbe du Grand-Prêtre, mis dans un des plateaux, suffirait pour le faire pencher.

— Il suffit, répondit Wayland; et, prenant les balances, il y pesa lui-même deux dragmes de la poudre noire, les enveloppa soigneusement dans du papier, les mit dans sa poche, et en demanda le prix.

— Rien, rien du tout pour un homme comme vous. Mais vous viendrez revoir le pauvre juif? Vous jetterez un coup d'œil sur son laboratoire, où, à force de travail, il s'est desséché comme la gourde du saint prophète Jonas. Vous aurez pitié de lui. Vous l'aiderez à faire quelques pas sur la noble route...

— Paix! dit Wayland en posant mystérieusement un doigt sur ses lèvres. Il est possible que nous nous revoyions. Vous avez déjà le *Scah-majm*, comme vos rabbins l'appellent,... la création générale. Veillez donc et priez, car il faut que vous arriviez à la connaissance de l'élixir Alchabest Samech avant que je puisse communiquer avec vous.

A ces mots il répondit par un léger signe de tête au salut respectueux du petit juif, et sortit gravement de la boutique, suivi par son maître, dont la première observation sur la scène dont il venait d'être témoin fut que Wayland aurait dû, en toute justice, payer au marchand la drogue qu'il avait fournie, quelle que pût en être la valeur.

— Moi le payer! s'écria Wayland; que le diable me

paie moi-même si j'en fais rien. Si je n'avais craint de déplaire à Votre Honneur, j'aurais tiré de lui une once ou deux de l'or le plus pur, en échange de pareil poids de poussière de brique.

— Je vous conseille de ne pas faire de telles friponneries, tant que vous serez à mon service.

— Ne vous ai-je pas dit que c'est cette raison qui m'a empêché de le faire? Friponnerie, dites-vous? Quoi! voilà un squelette ambulant, qui, assez riche pour paver en dollars la rue dans laquelle il demeure, en tire à peine un seul de son coffre-fort, et, comme un fou, court après la pierre philosophale! D'ailleurs ne voulait-il pas lui-même tromper un ignorant, comme il me supposait d'abord, en me vendant au poids de l'or une drogue qui ne valait pas un sou? Fin contre fin, dit le diable au charbonnier (1); si sa mauvaise poudre valait mes couronnes d'or, ma poussière de brique pourrait bien valoir les siennes.

— Il est possible que ce raisonnement soit fort bon en traitant avec des juifs et des apothicaires, M. Wayland; mais songez bien que je ne puis permettre de pareils tours de passe-passe à quelqu'un qui est à mon service. Je me flatte que vous avez fini vos acquisitions.

— Oui, monsieur; et avec toutes ces drogues, je composerai aujourd'hui même le véritable orviétan, précieux médicament, si rare, si difficile à trouver en Europe, faute de cette poudre qu'Yoglan vient de me fournir.

— Mais pourquoi n'avoir pas acheté toutes vos drogues dans la même boutique? Nous avons perdu

(1) *The Collier of Croydon*, le Charbonnier de Croydon, ancienne farce anglaise. — ÉD.

près d'une heure à courir d'un marchand chez l'autre.

— Vous allez le savoir, monsieur. Je ne veux apprendre mon secret à personne, et il cesserait bientôt d'en être un si j'achetais tous mes ingrédiens du même apothicaire.

Ils retournèrent à leur auberge (la fameuse auberge de la Belle-Sauvage (1)), et tandis que Stevens préparait leurs chevaux, Wayland, ayant emprunté un mortier et s'enfermant dans une chambre, pulvérisa, tritura, amalgama, en proportions convenables, les drogues dont il venait de faire emplette, avec une promptitude et une dextérité qui prouvaient qu'il n'était pas novice dans les opérations manuelles de la pharmacie.

Dès qu'il eut composé son électuaire, ils montèrent à cheval, et une course d'une heure les conduisit à la résidence actuelle du comte de Sussex, ancienne habitation appelée Say's-Court, près de Deptford, qui avait autrefois appartenu à une famille du nom de Say, mais qui, depuis plus d'un siècle, avait passé dans l'ancienne et honorable famille d'Évelyn. Le représentant actuel de cette noble maison prenait un vif intérêt à lord Sussex, et l'avait accueilli dans sa demeure ainsi qu'une suite nombreuse. Say's-Court fut depuis la résidence du célèbre M. Évelyn, dont l'ouvrage intitulé *Sylva* est encore le Manuel de tous ceux qui plantent des bois en Angleterre, et dont la vie, les mœurs et les principes, tels que ses Mémoires les font connaître, devraient être également le *Manuel* de tous les gentilshommes anglais (2).

(1) *Bell savage*, avec l'orthographe moderne, ce serait *cloche sauvage*. — Éd.

(2) Voyez sur Say's-Court et Evelyn le tome Ier du *Voyage hist. et littér. en Angleterre et en Écosse*. — Éd.

CHAPITRE XIV.

> « Vraiment, l'ami, vraiment, voilà bien du nouveau !
> » Deux taureaux, dites-vous, au milieu du troupeau,
> » Se battent pour l'amour d'une belle génisse,
> » Noble prix du vainqueur, du combat spectatrice !
> » Mon Dieu, laissez-les faire. Un d'eux étant à bas,
> » Le reste du troupeau sera hors d'embarras. »
>
> *Ancienne comédie.*

Say's-Court était gardé comme un fort assiégé, et les soupçons étaient alors portés à un tel point, que, lorsque Tressilian en approcha, il fut arrêté et questionné plusieurs fois par des sentinelles avancées à pied et à cheval. La place distinguée que Sussex occupait dans les bonnes graces de la reine et sa rivalité connue et avouée avec le comte de Leicester faisaient attacher la plus haute importance à sa conservation ; car, à l'époque dont nous parlons, chacun doutait encore lequel des deux parviendrait à supplanter l'autre dans la faveur d'Élisabeth.

Élisabeth, comme la plupart des femmes, aimait à gouverner par le moyen de factions, de manière à balancer deux intérêts opposés, et à se réserver le pouvoir d'accorder la prépondérance à l'une ou à l'autre, suivant que pourrait l'exiger la raison d'état, ou son caprice, car elle n'était pas au-dessus de cette faiblesse de son sexe. User de finesse, cacher son jeu, opposer un parti à l'autre, tenir en bride celui qui se croyait au plus haut rang dans son estime par la crainte que devait lui inspirer un concurrent auquel elle accordait la même confiance, sinon la même affection, telles furent les manœuvres qu'elle employa pendant tout le cours de son règne; et ce fut ainsi que, quoique souvent assez faible pour avoir un favori, elle parvint à prévenir la plupart des fâcheux effets que ce système aurait pu avoir pour son royaume et pour son gouvernement.

Les deux nobles qui se disputaient alors ses bonnes graces y avaient des prétentions différentes. Cependant on pouvait dire en général que le comte de Sussex avait rendu plus de services à la reine, et que Leicester était plus agréable aux yeux de la femme. Sussex était un homme de guerre (1); il avait servi avec succès en Irlande et en Écosse, et surtout dans la grande révolte du nord, en 1569, qui fut étouffée en grande partie par ses talens militaires. Il avait donc naturellement pour amis et pour partisans tous ceux qui voulaient parvenir à la fortune par la gloire des armes. Il était d'ailleurs d'une

(1) Un martialiste, selon l'expression du temps. — Ed.

famille plus ancienne et plus honorable que son rival, représentant en sa personne les deux nobles maisons des Fitz-Walter et des Ratcliffe; tandis que les armoiries de celle de Leicester étaient entachées par la dégradation de son aïeul, ministre oppresseur de Henry VII, tache qui n'avait pas été effacée par son malheureux père Dudley, duc de Northumberland, exécuté à Tower-Hill le 22 août 1553. Mais par les agrémens de sa personne et son adroite galanterie, armes si formidables à la cour d'une reine, Leicester avait un avantage plus que suffisant pour contre-balancer les services militaires, le sang illustre et la loyauté franche du comte de Sussex; aussi, aux yeux de la cour et du royaume, passait-il pour tenir le premier rang dans les bonnes graces d'Élisabeth, quoique, par suite du système uniforme de la politique de cette princesse, cette préférence ne fût pas assez fortement prononcée pour qu'il pût se regarder comme certain de triompher des prétentions de son rival.

La maladie de Sussex était arrivée si à propos pour Leicester qu'elle avait donné lieu à d'étranges soupçons répandus dans le public; et les suites qu'elle pouvait avoir remplissaient de consternation les amis de l'un, tandis qu'elles faisaient naître les plus grandes espérances dans le cœur des partisans de l'autre. Cependant commme dans ce bon vieux temps on n'oubliait jamais la possibilité qu'une affaire se décidât à la pointe de l'épée, les amis de ces deux seigneurs se réunissaient autour de chacun d'eux, se montraient en armes jusque dans le voisinage de la cour, et laissaient souvent arriver aux oreilles de la reine le bruit des querelles qu'ils avaient aux portes mêmes du palais. Ce détail préliminaire était indispensable pour rendre ce qui suit intelligible au lecteur.

Tressilian, à son arrivée à Say's-Court, trouva le château rempli des gens du comte de Sussex et des gentilshommes ses partisans, que la maladie de leur chef avait fait accourir autour de lui. Tous les bras étaient armés, et toutes les figures rembrunies comme si l'on eût redouté une attaque immédiate et violente de la part de la faction opposée. Cependant Tressilian ne trouva que deux gentilshommes dans l'antichambre, où un officier du comte le fit entrer, tandis qu'un autre alla informer son maître de l'arrivée de son parent. Il y avait un contraste remarquable entre le costume, l'air et les manières de ces deux personnages. Le plus âgé, qui paraissait un homme de qualité, et encore dans la fleur de la jeunesse, était vêtu en militaire et avec beaucoup de simplicité ; ses traits annonçaient le bon sens, mais pas la moindre dose d'imagination ou de vivacité. Le plus jeune, à qui l'on n'aurait guère donné plus de vingt ans, portait le costume le plus à la mode à cette époque, un habit de velours cramoisi orné de galons et brodé en or, et une toque de même étoffe, dont une chaîne d'or fermée par un médaillon faisait trois fois le tour. Ses cheveux étaient arrangés à peu près comme ceux des jeunes élégans de nos jours, c'est-à-dire relevés sur leurs racines, et il portait des boucles d'oreilles d'argent ornées d'une très-belle perle. Il était bien fait, d'une grande taille, et ses traits réguliers et agréables étaient si animés et si expressifs, qu'on y reconnaissait sur-le-champ un caractère ferme, le feu d'une ame entreprenante, l'habitude de réfléchir et la promptitude à prendre un parti.

Ils étaient assis sur le même banc l'un près de l'autre; mais chacun d'eux, occupé de ses réflexions, avait les yeux fixés sur le mur en face, et ne songeait point à parler à son compagnon. Les regards du plus âgé annonçaient qu'en regardant la muraille il ne voyait qu'une vieille boiserie en chêne à laquelle on avait suspendu, suivant l'usage, des boucliers, des pertuisanes, des bois de cerf, et des armes de toute espèce anciennes et modernes. Les yeux du plus jeune brillaient du feu de l'imagination; on aurait dit que l'espace vide qui le séparait de la muraille était un théâtre sur lequel il mettait en action divers personnages qui lui offraient un spectacle bien différent de celui que la réalité lui aurait présenté.

Dès que Tressilian entra, tous deux se levèrent pour le saluer, et le plus jeune surtout l'aborda de l'air le plus cordial.

— Soyez le bienvenu, Tressilian, lui dit-il; votre philosophie nous a privés de vous quand cette maison pouvait offrir des attraits à l'ambition; mais c'est une philosophie désintéressée, puisque vous y revenez quand il n'y a plus que des dangers à partager avec eux.

— Milord est-il donc si sérieusement indisposé? demanda Tressilian.

— Nous craignons que sa situation ne soit sans espoir, répondit le plus âgé, et tout porte à croire que c'est le fruit de la trahison.

— Fi donc! dit Tressilian; lord Leicester est homme d'honneur.

— Et pourquoi donc a-t-il une suite composée de vrais brigands? s'écria le plus jeune. Celui qui évoque le diable peut être honnête; mais il est responsable de tous les maux que fait le malin esprit.

— Mais, messieurs, dit Tressilian, êtes-vous donc les seuls amis de milord qui vous soyez rendus près de lui dans ce moment de crise?

— Oh! non vraiment, répondit le plus âgé. Nous avons ici Tracy, Markham et bien d'autres; mais nous faisons le service deux à deux, et il y en a quelques-uns qui sont fatigués, et qui dorment dans la galerie là-haut.

— Et quelques autres, dit le plus jeune, qui sont allés à Deptford, ayant boursillé pour acheter quelque vieille carcasse de bâtiment, parce que, lorsque tout sera dit et que notre noble lord aura été déposé dans sa noble sépulture, ils donneront de leurs nouvelles aux coquins qui l'y ont précipité, et s'embarqueront pour les Indes, le cœur aussi léger que la bourse.

— Et il est possible que je sois du voyage, dit Tressilian, dès que j'aurai terminé une affaire que j'ai à la cour?

— Vous, une affaire à la cour! s'écrièrent-ils tous deux en même temps; vous faire le voyage des Indes!

— Comment, Tressilian! continua le plus jeune; et n'êtes-vous pas en quelque sorte marié? n'êtes-vous pas à l'abri de ces coups de fortune qui forcent un homme à se mettre en mer, quand sa barque voudrait rester tranquillement dans le port? Qu'avez-vous donc fait de votre belle Indamira, qui devait être l'égale de mon Amorette par sa constance comme par ses charmes?

— Ne m'en parlez pas, dit Tressilian en se détournant.

— En êtes-vous donc là, mon pauvre ami? dit le jeune homme en lui prenant la main avec affection. Ne craignez pas que je touche une seconde fois à une blessure si cruelle; mais c'est une nouvelle aussi étrange que triste. Aucun de nos joyeux compagnons, dans cette saison de tempêtes, ne verra-t-il donc sa fortune ou son bonheur échapper au naufrage? J'espérais que vous du moins, mon cher Edmond, vous étiez dans le port. Mais un autre ami, qui porte votre nom (1), a dit la vérité :

> Sous sa roue écrasant le chaume et le palais,
> Nous avons vu cent fois la Fortune infidèle
> Nous abuser un jour pour nous fuir à jamais !
> Ne cesserons-nous pas d'être surpris par elle ?

Pendant que le jeune homme déclamait ces vers avec une expression de sensibilité, son compagnon, moins enthousiaste, s'était levé de son siège, et se promenait d'un air d'impatience. S'enveloppant ensuite dans son manteau et se rasseyant sur le siège : — Je suis surpris Tressilian, dit-il, que vous nourrissiez la folie de ce jeune homme en écoutant ses rapsodies. Si quelque chose pouvait faire juger défavorablement d'une maison honorable et vertueuse comme celle de milord, ce serait d'y entendre ce jargon, ce galimatias poétique apporté parmi nous par Walter le beau diseur et ses camarades, qui mettent à la torture de mille manières le bon anglais qu'il avait plu à Dieu de nous accorder.

— Blount s'imagine, dit le jeune homme, que le démon a fait la cour en vers à notre mère Ève, et que le sens mystique de l'arbre de la science du bien et du mal n'a rapport qu'à l'art d'assembler des rimes et de scander un hexamètre.

(1) Edmond Spencer, auteur de la *Reine des Fées*. — Éd.

En ce moment, le chambellan du comte vint annoncer à Tressilian que Sa Seigneurie désirait le voir.

Il trouva lord Sussex en robe de chambre, mais couché sur son lit, et il fut alarmé en voyant le changement que la maladie avait produit sur lui. Le comte le reçut de l'air le plus amical, et lui demanda des nouvelles de ses amours. Tressilian éluda la réponse en faisant tomber l'entretien sur la maladie du comte; et il vit avec surprise que les symptômes étaient exactement tels que Wayland les avait décrits, d'après le peu qu'il avait appris de Stevens. Il n'hésita donc pas à raconter à Sussex toute l'histoire de son nouveau serviteur, et l'assurance avec laquelle il prétendait pouvoir le guérir. Le comte l'écouta avec attention, mais d'un air d'incrédulité, jusqu'à ce que le nom de Démétrius eut été prononcé. Il appela sur-le-champ son secrétaire, et lui ordonna de lui apporter une cassette qui contenait quelques papiers importans.

— Cherchez-y, lui dit-il, la déclaration du coquin de cuisinier à qui nous avons fait subir un interrogatoire, et voyez avec soin si le nom de Démétrius n'y est pas mentionné.

Le secrétaire trouva tout d'abord le passage en question, et lut ce qui suit:

« Et ledit comparant déclare qu'il se souvient d'avoir fait la sauce dudit esturgeon, après avoir mangé duquel mondit noble lord s'est trouvé indisposé; qu'il y a employé les herbes et ingrédiens ordinaires, savoir.... »

— Passez tout ce bavardage, dit le comte, et voyez si les ingrédiens dont il parle n'ont pas été achetés chez un herboriste nommé Démétrius.

— Précisément, dit le secrétaire, et il ajoute qu'il n'a pas revu depuis ce temps ledit Démétrius.

— Cela s'accorde avec l'histoire de ton drôle, Tressilian, dit le comte. Qu'on le fasse venir.

Wayland, amené devant le comte, répéta toute son histoire avec fermeté, et sans varier dans une seule circonstance.

— Il peut se faire, dit le comte, que ceux qui ont commencé l'ouvrage t'envoient ici pour le terminer; mais prends-y garde, car si ton remède a des suites fâcheuses, tu pourras t'en trouver fort mal.

— Ce serait agir avec rigueur, dit Wayland, car la guérison est entre les mains de Dieu comme la mort. Cependant je consens à en courir le risque. J'ai vécu assez long-temps sous la terre pour ne pas craindre d'y rentrer.

— Puisque tu as tant de confiance, dit le comte, et que les savans ne peuvent me soulager, je dis comme toi, j'en courrai le risque. Donne-moi ton médicament.

— Permettez-moi d'abord, dit Wayland, puisque vous me rendez responsable du traitement, d'y mettre pour condition qu'il ne sera permis à aucun médecin d'y intervenir.

— C'est justice, dit le comte. Maintenant voyons ton remède.

Pendant que Wayland le préparait, on déshabilla le comte et on le mit au lit.

— Je vous avertis, dit Wayland, que le premier effet de ce médicament sera de vous procurer un sommeil profond, et pendant ce temps il faut que le plus grand silence règne dans la chambre, ou il en pourrait résulter des suites funestes. Je veillerai moi-même sur le comte avec un ou deux des gentilshommes de sa chambre.

— Que tout le monde se retire, dit le comte, excepté Stanley et ce brave homme.

— Et moi, dit Tressilian : je suis trop intéressé à l'effet de ce remède.

— Soit, dit le comte, mais avant tout qu'on fasse venir mon secrétaire et mon chambellan.

— Messieurs, leur dit-il dès qu'ils furent arrivés, je vous prends à témoin que notre honorable ami Tressilian n'est aucunement responsable des suites du médicament que je vais prendre. Je m'y suis déterminé de ma propre volonté, attendu que je le regarde comme une faveur que Dieu m'accorde pour me guérir de ma maladie par des moyens inattendus. S'il ne réussit pas, rappelez-moi au souvenir de ma noble maîtresse, et dites-lui que je suis mort comme j'ai vécu, son fidèle serviteur. Je souhaite que tous ceux qui entourent son trône aient la même pureté de cœur, et la servent avec plus de talent que Thomas Ratcliffe.

Il croisa ses bras sur sa poitrine, et sembla se recueillir un instant. Prenant alors la potion des mains de Wayland, il fixa sur lui des yeux qui semblaient vouloir lire jusqu'au fond de son ame; mais il n'aperçut sur son visage ni trouble ni inquiétude.

— Il n'y a rien à craindre, dit-il à Tressilian; et il avala le breuvage sans hésiter.

— Je prie Votre Seigneurie, dit Wayland, de se disposer le plus commodément possible pour dormir, et vous, messieurs, soyez immobiles et silencieux comme si vous étiez près du lit de mort de votre mère.

Le chambellan et le secrétaire se retirèrent, donnèrent ordre qu'on fermât les portes, et que le silence le plus profond régnât dans toute la maison. Il ne resta dans la chambre que Stanley, Tressilian et Wayland ; mais plusieurs personnes gardèrent l'anti-chambre pour se trouver à portée en cas de besoin.

La prédiction de Wayland ne tarda pas à s'accomplir. Le comte s'endormit d'un sommeil si profond que Tressilian et Stanley craignirent que ce ne fût une léthargie dont il ne se réveillerait jamais. Wayland lui-même paraissait inquiet. Il portait souvent la main sur les tempes du malade, et faisait surtout attention à sa respiration, qui était forte et fréquente, mais facile et non interrompue.

CHAPITRE XV.

> « Et voilà donc comment, messieurs les étourdis,
> » Le service se fait, les devoirs sont remplis ?
> » Qu'est devenu le sot envoyé par mon ordre ? »
>
> Shakspeare. *La méchante femme mise à la raison.*

Le moment où les hommes paraissent le plus désavantageusement aux yeux les uns des autres, et où ils se trouvent le moins à l'aise, est celui où le premier rayon de l'aurore les surprend à veiller. Même une beauté du premier ordre, quand la naissance du jour vient mettre fin aux plaisirs d'un bal, ferait bien de se soustraire aux regards de ses admirateurs les plus dévoués et les plus passionnés. Telle était la lueur pâle et défavorable qui commençait à se répandre sur ceux qui avaient veillé toute la nuit dans l'anti-chambre du comte de Sussex, et qui mêlait une teinte bleuâtre à la flamme presque livide des lampes et des torches mourantes. Le jeune homme dont nous avons parlé dans le chapitre précédent avait quitté l'appartement pour aller voir qui frappait à la porte du château, et, en y rentrant, il fut si frappé de l'air pâle et défait de ses compagnons de veille qu'il s'écria : — Sur mon ame! mes maîtres, on vous prendrait pour des hibous. Quand le soleil va se lever, je présume que je vous verrai vous envoler, les yeux éblouis, pour aller vous cacher dans le tronc pourri d'un vieil arbre, ou dans quelque mur tombant en ruines.

— Tais-toi, tête sans cervelle, dit Blount. Est-ce le moment de plaisanter quand l'honneur de l'Angleterre rend peut-être le dernier soupir dans la chambre voisine?

— Tu mens, répliqua Walter.

— Je mens, répéta Blount en se levant, je mens! Et c'est à moi que tu parles ainsi!

— Oui, brave Blount, tu mens. Mais ne prends pas la mouche ainsi pour un mot. J'aime et j'honore milord autant qu'aucun de vous, mais s'il plaisait au ciel de l'appeler à lui, je ne dirais pas pour cela que tout l'honneur de l'Angleterre mourrait avec lui.

— Sans doute, et une bonne part en survivrait chez toi, reprit Blount.

— Oui, et une bonne part aussi avec toi-même, Blount, et avec Markham, Tracy, et nous tous. Mais c'est moi qui ferai valoir le talent que Dieu nous a confié.

— Et voudras-tu nous faire part de ton secret?

— Pourquoi non? Vous êtes comme un terrain qui ne produit rien parce que qu'on croit qu'il n'a pas besoin d'engrais. Moi, je suis un sol peut-être moins fertile par lui-même, mais où l'ambition entretient sans cesse une fermentation qui le rendra productif.

— Je prie le ciel qu'elle ne te rende pas fou. Quant à moi, si nous perdons le noble comte, je dis adieu à la cour et aux camps. J'ai cinq cents acres de terre dans le comté de Norfolk ; je vais m'y enterrer, et je change la cuirasse pour la bêche.

— Vile métamorphose! Mais tu as vraiment déjà la tournure du laboureur ; tes épaules sont courbées comme si tu te baissais pour tenir la charrue, et tu as une odeur terreuse au lieu d'être parfumé comme devrait l'être un galant courtisan. En vérité, on dirait que tu viens de sortir du milieu d'une meule de foin. Ta seule excuse sera de dire que le fermier avait une jolie fille.

— Trêve de plaisanteries, Walter, dit Tracy ; ni le temps ni le lieu ne les permettent. Dites-nous plutôt qui était à la porte tout à l'heure.

— Le docteur Masters, médecin de la reine, qui venait par ordre exprès d'Élisabeth pour s'informer de la santé du comte.

— Ah! s'écria Tracy, ce n'est pas une petite marque de faveur. Si le comte recouvre la santé, Leicester pourra encore trouver en lui un adversaire redoutable. Et où est le docteur?

— Sur la route de Greenwich, répondit Walter, et de fort mauvaise humeur.

— Comment! s'écria Tracy ; j'espère que tu ne lui as pas refusé la porte!

— Tu n'as sûrement pas fait un pareil coup de tête? ajouta Blount.

— Sur ma foi, je l'ai congédié aussi net que vous

congédieriez, toi, Blount, un mendiant; et toi, Tracy, un créancier.

— De par tous les diables! pourquoi as-tu laissé aller Walter à la porte? demanda Blount à Tracy.

— Parce que cela convenait mieux à son âge qu'au mien. Mais ce trait d'étourderie nous perd tous. Que milord vive ou qu'il meure, il n'obtiendra plus un regard favorable de la reine.

— Et il n'aura plus le moyen de faire la fortune de ses partisans, dit Walter en souriant d'un air de mépris. Voilà la plaie secrète, délicate à toucher. Messieurs, j'ai fait sonner moins haut que quelques-uns de vous mes lamentations sur la maladie de milord; mais quand il s'agit de lui rendre service, je ne le cède à personne. Si j'eusse permis à ce savant docteur de pénétrer dans la chambre du comte, ne voyez-vous pas qu'il y aurait eu entre lui et le médecin venu avec Tressilian un bruit capable d'éveiller non-seulement le malade, mais les morts mêmes? La cloche d'alarme fait moins de tapage qu'une querelle entre deux docteurs.

— Et qui supportera le blâme d'avoir contrevenu aux ordres de la reine? demanda Tracy; car sans aucun doute le docteur Masters venait donner des soins au comte par ordre exprès de Sa Majesté.

— Moi, messieurs, dit Walter; et si j'ai fait une faute, je consens à en être puni.

— Dis donc adieu à tes beaux rêves, dit Blount, et renonce aux faveurs de la cour. Ton ambition aura beau fermenter, le Devonshire ne verra jamais en toi qu'un cadet de famille, bon à placer au bas bout d'une table, découpant tour à tour avec le chapelain, veillant à ce que les chiens soient bien nourris, et serrant la sangle du cheval de son maître quand il part pour la chasse.

— Non, dit le jeune homme en rougissant, non, il n'en sera rien tant qu'on fera la guerre en Irlande et dans les Pays-Bas, tant que les vagues de la mer ouvriront un chemin aux dangers, à la gloire et à la fortune. Le riche Occident a encore des terres inconnues, et il se trouve en Angleterre des ames assez hardies pour en tenter la découverte. Je vous quitte pour un instant, messieurs ; je vais faire une ronde, et voir si les sentinelles sont à leur poste.

— Il a du vif argent dans les veines, dit Blount en regardant Markham, c'est une chose indubitable.

— Il a dans le sang et dans la tête, répondit Markham, de quoi s'élever bien haut ou se perdre à jamais. Mais en fermant la porte à Masters, il a eu la hardiesse de rendre au comte un service signalé, car le compagnon de Tressilian a déclaré qu'éveiller milord ce serait le tuer ; et Masters éveillerait les Sept-Dormans si leur sommeil n'avait pas été prescrit par une ordonnance de la faculté en bonne forme.

La matinée commençait à s'avancer, et Tressilian apporta dans l'anti-chambre l'heureuse nouvelle que le comte de Sussex s'était éveillé de lui-même ; que ses souffrances internes étaient diminuées ; qu'il parlait avec enjouement, et que ses yeux brillaient d'une vivacité qui annonçait qu'un changement favorable avait eu lieu dans sa situation. Il demandait qu'on vînt lui faire rapport de ce qui pouvait s'être passé pendant la nuit.

Lorsque le comte apprit la manière dont le jeune Walter avait reçu le médecin que la reine avait daigné lui envoyer, il sourit d'abord ; mais, après un instant de réflexion, il ordonna à Blount, son premier écuyer, de se mettre sur-le-champ dans une barque et de se rendre au palais de Greenwich, en prenant avec lui Walter et Tracy, pour présenter à la reine ses humbles respects, l'assurer de toute sa reconnaissance, et lui expliquer le motif qui l'avait empêché de prendre les avis du savant docteur Masters.

— Peste soit d'un pareil ordre! dit Blount en rentrant dans l'antichambre. S'il m'avait envoyé porter un cartel à Leicester, je crois que je me serais acquitté passablement d'un tel message. Mais me présenter devant notre gracieuse souveraine, en présence de qui toutes les paroles doivent être sucrées et miellées comme si elles sortaient de la boutique d'un confiseur, c'est ce qui ne me convient guère. Allons, partons, Tracy; suis-moi, Walter, toi qui es la cause de toute cette besogne; voyons si ton cerveau si fertile en feux d'artifice pourra venir au secours d'un homme qui ne sait parler que le franc et bon anglais.

— Ne craignez rien, s'écria Walter; je vous tirerai d'embarras. Donnez-moi seulement le temps d'aller chercher mon manteau.

— Ton manteau! tu l'as sur les épaules. Je crois qu'il a perdu la tête, s'il en a jamais eu une.

— Eh non! c'est un vieux manteau de Tracy. Crois-tu que je veuille me montrer à la cour sans être vêtu comme il convient à un gentilhomme?

— Bah! tes beaux habits te serviront tout au plus à éblouir les yeux du portier et de quelques pauvres valets.

— N'importe, je veux mettre mon manteau, et donner un coup de brosse à mon pourpoint avant de partir.

— Voilà bien du bruit pour un manteau et un pourpoint. Allons, dépêche-toi, au nom du ciel!

Ils voguèrent bientôt sur le sein de la superbe Tamise, dont les ondes réfléchissaient alors le soleil dans tout l'éclat de ses feux.

— Voilà deux choses qui n'ont rien qui les égale dans tout l'univers, dit Walter à Blount; le soleil dans les cieux, et la Tamise sur la terre.

— Les rayons de l'un nous éclaireront pour aller à Greenwich, répondit Blount, et les eaux de l'autre nous y conduiraient plus vite si c'était l'heure de la marée.

— Et voilà tout ce que tu penses, tout ce dont tu t'inquiètes! Tu ne vois d'autre utilité dans le roi des élémens, dans la reine des fleuves, que d'aider de pauvres diables comme toi, Tracy et moi, à aller faire à la cour une visite de pur cérémonial.

— C'est une visite dont je me souciais fort peu, sur ma foi; j'épargnerais de bon cœur au soleil et à la Tamise la peine de me conduire où je n'avais nulle envie d'aller; et je m'attends, pour toute récompense, à être reçu fort mal. Et sur mon honneur, ajouta-t-il en jetant les yeux sur Greenwich dont ils approchaient, je crois que nous aurons fait une course inutile, car je vois la barque de la reine près des degrés du parc, comme si Sa Majesté allait faire une promenade sur l'eau.

Il ne se trompait pas. Le pavillon anglais flottait sur la barque royale, où se trouvaient déjà les bateliers de la reine, vêtus de leurs riches livrées; et on l'avait approchée de l'escalier conduisant dans le parc de Greenwich. Deux ou trois autres barques étaient destinées pour les personnes de la suite d'Élisabeth qui ne devaient pas être admises dans la première. Ses gardes-du-corps, les plus beaux hommes de l'Angleterre, formaient une double haie depuis la porte du palais jusqu'au bord de l'eau, et l'on semblait attendre l'arrivée de la reine, quoiqu'il fût encore de très-bonne heure.

— Sur ma foi, cela ne nous présage rien de bon, dit Blount ; il faut que la reine ait de puissantes raisons pour se mettre en route de si grand matin. Nous ferions mieux de retourner à Say's-Court, pour rendre compte à milord de ce que nous avons vu.

— De ce que nous avons vu ! répéta Walter ; et qu'avons-nous vu ? Une barque, des rameurs, et quelques soldats en habits d'écarlate, armés de hallebardes. Exécutons la mission dont le comte nous a chargés, et nous lui rendrons compte de la manière dont la reine nous aura reçus.

A ces mots il ordonna aux bateliers d'approcher la barque d'un endroit où ils pourraient débarquer, pensant que le respect ne leur permettait pas de se servir en ce moment de l'escalier du parc. Il sauta légèrement sur le rivage, suivi du prudent et circonspect Blount, qui semblait l'accompagner à regret. En se présentant à la porte du palais, ils apprirent qu'ils ne pouvaient y entrer, parce que la reine allait sortir. Ils employèrent le nom du comte de Sussex ; mais ce talisman ne produisit aucun effet sur l'officier de garde, qui répondit qu'il ne pouvait s'écarter en rien de sa consigne.

— Ne te l'avais-je pas dit ? s'écria Blount. Allons, mon cher Walter, regagnons notre barque, et retournons à Say's-Court.

— Pas avant que j'aie vu la reine, répondit-il d'un ton déterminé.

— Tu es donc fou, archifou?

— Et toi, tu es donc devenu tout à coup poule mouillée? Je t'ai vu faire face à une douzaine de kernes (1) irlandais, sans te laisser effrayer par le nombre, et maintenant tu trembles qu'une belle dame ne jette sur toi un regard de mauvaise humeur.

Comme il finissait de parler, les portes s'ouvrirent, et les huissiers du palais commencèrent à s'avancer en cérémonie, précédés par les gentilshommes pensionnaires (2). Bientôt Élisabeth parut au milieu des dames et des seigneurs de sa cour, rangés de manière à ce qu'elle pouvait être vue de toutes parts. Elle était encore jeune, et brillait de tout l'éclat de ce qu'on appelle beauté dans une souveraine, mais de ce qu'on appellerait dans tous les rangs noblesse et dignité. Elle s'appuyait sur le bras de lord Hunsdon, qui, étant son parent du côté de sa mère, en recevait souvent de semblables marques de faveur et de distinction.

Walter n'avait probablement jamais approché de si près la personne de sa souveraine, et il s'avança jusqu'à la haie que formaient les gardes, afin de profiter de cette occasion pour bien la voir. Son compagnon, au contraire, maudissant ce qu'il appelait son imprudence, cherchait à le retenir; mais Walter parvint à s'en débarrasser, et laissant son manteau flotter négligemment sur une épaule, déploya par-là sa belle taille avec plus d'a-

---

(1) Kernes, fantassins irlandais armés à la légère. — Éd.

(2) Gardes nobles des souverains en Angleterre. Ils ne sont plus de service de nos jours que dans les grandes cérémonies. On les a vus, par exemple, au couronnement de Georges IV. — Éd.

vantage. Otant alors sa toque, il fixa les yeux sur la reine avec un mélange de curiosité respectueuse et d'admiration à la fois expressive et modeste. Enfin les gardes, frappés de sa bonne mine et de la richesse de ses vêtemens, souffrirent qu'il se plaçât parmi eux, ce qu'ils ne permettaient pas aux spectateurs d'un rang ordinaire, et le jeune homme intrépide se trouva ainsi exposé en plein aux regards d'Élisabeth, qui n'était jamais indifférente ni à l'admiration qu'elle excitait à juste titre, ni aux avantages extérieurs qu'elle remarquait dans ses courtisans. Quand elle fut près de ce jeune homme, elle jeta un coup d'œil sur lui, d'un air qui annonçait quelque surprise de sa hardiesse sans mélange de ressentiment. Mais un incident fixa plus particulièrement son attention sur lui. Il avait plu toute la nuit; et précisément devant la place où se tenait notre jeune homme, un peu de boue se trouvait sur le passage de la reine. Elle hésita un instant, et Walter, détachant son manteau en un clin d'œil, l'étendit par terre pour qu'elle pût passer à pied sec, accompagnant cet acte de dévouement d'un salut respectueux, tandis que son visage se couvrait de la plus vive rougeur. La reine leva de nouveau les yeux sur lui, éprouva un moment de confusion, rougit à son tour, lui fit un signe de tête, passa à la hâte, et monta sur sa barque sans dire un seul mot.

— Eh bien, maître fat, lui dit Blount, c'est à présent que tu auras le plaisir de faire jouer la brosse pour nettoyer ton manteau. Si tu avais dessein d'en faire un tapis de pied, autant valait garder celui de Tracy; la bure ne craint pas les taches.

— Ce manteau, dit Walter en le pliant de manière à

pouvoir le porter sur le bras, ne sera jamais brossé tant qu'il m'appartiendra.

— Et cela ne sera pas long, dit son compagnon, si tu ne le ménages davantage. Nous te verrons bientôt *in cuerpo*, comme disent les Espagnols.

Ici leur conversation fut interrompue par un garde-du-corps des gentilshommes pensionnaires.

— Je cherche, dit-il en les regardant avec attention, un jeune homme sans manteau, ou avec un manteau couvert de boue. C'est vous sans doute, dit-il à Walter : vous allez avoir la bonté de me suivre.

— Il est à ma suite, dit Blount; je suis premier écuyer du noble comte de Sussex.

— Cela est possible, répondit le messager; mais je suis porteur des ordres directs de Sa Majesté, et ils ne s'adressent qu'à ce gentilhomme.

A ces mots il s'éloigna en faisant signe à Walter de le suivre, laissant Blount, à qui les yeux sortaient de la tête dans l'excès de son étonnement. — Qui diable aurait imaginé pareille chose! s'écria-t-il enfin; et, secouant la tête d'un air mystérieux, il regagna sa barque, et retourna à Say's-Court.

Cependant le gentilhomme pensionnaire conduisit Walter vers la Tamise, par le grand escalier, en le traitant de la manière la plus respectueuse, ce qui, en pareille circonstance, n'était pas de mauvais augure. Il le fit entrer dans une des petites barques prêtes à suivre celle de la reine, qui était déjà au milieu du fleuve, où elle voguait rapidement, favorisée par la marée, avantage dont Blount s'était plaint de manquer en se rendant à Greenwich.

Les deux rameurs, obéissant à un signal du gentilhomme pensionnaire, firent tellement force de rames, qu'ils eurent rejoint en quelques minutes la barque de la reine, où elle était assise sous un pavillon avec deux ou trois dames de sa suite et quelques-uns des grands officiers de sa maison. Elle jeta les yeux plus d'une fois sur la petite barque qui s'avançait et sur le beau jeune homme qui s'y trouvait, et dit quelques mots en riant aux personnes qui l'environnaient. Enfin un seigneur, sans doute par son ordre, fit signe aux bateliers de faire approcher leur barque, et dit à Walter de passer sur celle de la reine, ce qu'il fit avec autant d'agilité que de grace. La barque qui l'avait amené se retira. Walter, conduit devant Élisabeth, soutint les regards de Sa Majesté avec une assurance modeste, et le léger embarras qu'il éprouvait ne faisait que lui donner une nouvelle grace. Il portait toujours sur son bras le manteau couvert de boue, et ce fut naturellement le sujet par lequel la reine entama la conversation.

— Vous avez gâté aujourd'hui un riche manteau, jeune homme; nous vous remercions du service que vous nous avez rendu, quoiqu'il ne soit pas dans les formes ordinaires, et que vous y ayez mis un peu de hardiesse.

— La hardiesse est un devoir pour un sujet, répondit Walter, quand il s'agit de servir son souverain.

— Merci de Dieu, c'est bien répondu, milord, dit la reine en se tournant vers un grave personnage qui était près d'elle, et qui ne lui répondit qu'en baissant gravement la tête d'un air d'approbation. Eh bien, jeune homme, ta galanterie ne sera pas sans récompense! tu iras trouver le maître de notre garde-robe, et il aura ordre de remplacer le manteau que tu as gâté pour notre service : tu en auras un des plus riches et des plus à la mode; je te le promets, foi de princesse!

— N'en déplaise à Votre Grace, dit Walter en hésitant, il n'appartient pas à un humble serviteur de Votre Majesté (1) comme moi de peser vos bontés, mais s'il m'était permis de choisir...

— Tu préfèrerais avoir de l'or, je le devine, dit Élisabeth en l'interrompant. Fi! jeune homme! fi! J'ai honte de le dire, mais il y a dans notre capitale tant de moyens de dépenser l'argent en folies, qu'en donner aux jeunes gens, c'est jeter de l'huile sur le feu, c'est leur fournir des armes contre eux-mêmes. Si le ciel prolonge ma vie, je mettrai des bornes à ces désordres. Cependant tu n'es peut-être pas riche, tes parens sont peut-être pauvres... Eh bien, oui, tu auras de l'or! mais il faut que tu me rendes compte de l'usage que tu veux en faire.

Walter attendit patiemment que la reine eût cessé de parler, et l'assura alors, d'un air modeste, que l'or était encore bien moins l'objet de ses désirs que le manteau qu'elle avait eu la bonté de lui offrir.

— Quoi! s'écria la reine, ni notre or ni un manteau ne peuvent te contenter! Que désires-tu donc de nous?

— Seulement, madame, si ce n'est pas porter mes

(1) Nous trouvons dans cette phrase le double emploi des mots Votre Grace et Votre Majesté adressés à la souveraine. L'un et l'autre se disaient alors indifféremment; mais *Votre Grace* était la plus ancienne de ces deux locutions d'étiquette. *Votre Grace* est aujourd'hui exclusivement réservé en Angleterre aux ducs et aux archevêques. Sous Henri VIII, le père d'Élisabeth, *Votre Majesté* était devenu déjà communément en usage : avant ce prince, on s'en servait rarement. Les anciens auteurs font remonter *Votre Majesté* jusqu'aux rois danois. — Éd.

prétentions trop haut, la permission de porter le manteau qui vous a rendu ce léger service.

— La permission de porter ton manteau ! y penses-tu bien, jeune homme !

— Il ne m'appartient plus. Le pied de Votre Majesté l'ayant touché, il est devenu digne d'un prince ; il est trop riche pour un homme de ma condition.

La reine rougit de nouveau, et tâcha de couvrir, en affectant de rire, un léger mouvement de surprise et de confusion qui ne lui était pas désagréable.

— Avez-vous jamais entendu rien de semblable, milords ? La lecture des romans a tourné la tête de ce pauvre jeune homme. Il faut que je sache qui il est, afin de le renvoyer en sûreté à ses parens. Qui êtes-vous, jeune homme ?

— Gentilhomme de la maison du comte de Sussex, qui m'avait envoyé ici avec son premier écuyer porter un message à Votre Majesté.

Dès que ce nom eut été prononcé, l'air gracieux avec lequel la reine avait jusqu'alors regardé Walter s'évanouit, et fit place à une expression de hauteur et de sévérité.

— Lord Sussex, dit-elle, nous a enseigné le prix que nous devons mettre à ses messages par la valeur qu'il attache aux nôtres. Ce matin même, et à une heure qui n'est pas ordinaire, nous lui avions envoyé notre médecin, ayant appris que sa maladie était plus sérieuse que nous ne l'avions pensé d'abord. Dans aucune cour de l'Europe y a-t-il un homme plus savant que le docteur Masters ? Il se présentait de notre part chez un de nos sujets ; cependant il a trouvé la porte de Say's-Court défendue par des hommes armés et des couleuvrines, comme si c'eût été un château situé sur les frontières d'Écosse, et non dans le voisinage de notre cour ; et, quand il a demandé, en notre nom, qu'on la lui ouvrît, il a essuyé l'affront d'un refus. Nous ne recevrons, au moins quant à présent, aucunes excuses du mépris dont milord a payé une marque de bonté qui n'était que trop grande ; car je présume que l'objet de votre mission était de nous en offrir.

Ces mots furent prononcés d'un ton et avec des gestes qui firent frémir les amis du comte de Sussex, à portée de les entendre. Mais celui à qui elle les adressait n'en fut point intimidé. Dès que la reine eut cessé de parler, il leva les yeux vers elle, et lui dit d'un air humble et respectueux : — Je supplie Votre Majesté de me permettre de lui dire que je n'étais chargé d'aucune excuse de la part du comte de Sussex.

— Et de quoi vous a-t-il donc chargé ? s'écria la reine avec cette impétuosité qui, mêlée à de plus nobles qualités, faisait le fonds de son caractère. Est-ce de le justifier, ou, par la mort de Dieu, serait-ce de me braver ?

— Le comte de Sussex, madame, répondit Walter, connaissait toute la grandeur du crime, et il n'a pensé qu'à s'assurer du coupable, et à vous l'envoyer pour le livrer à votre merci. Il dormait profondément quand le docteur Masters est arrivé, son médecin lui ayant fait prendre une potion à cet effet ; il n'a appris que ce matin, en s'éveillant, le message plein de bonté de Votre Majesté, et le refus qu'on avait fait au docteur de le laisser entrer.

— Ceci change la thèse, dit la reine d'un ton adouci. Mais quel est celui de ses serviteurs assez hardi pour avoir refusé l'entrée du château à mon propre méde-

4

cin, qui venait de ma part donner des soins à son maître?

— Le coupable est devant vos yeux, madame, répondit Walter en s'inclinant profondément. C'est sur moi seul que tout le blâme doit tomber, et milord a eu raison de m'envoyer devant vous pour subir les conséquences d'une faute dont il est aussi innocent que les rêves d'un homme endormi le sont des actions d'un homme éveillé.

— Toi, jeune homme! c'est toi qui as refusé la porte de Say's-Court à mon médecin que j'y envoyais! Quel motif a pu inspirer tant d'audace à un jeune homme si dévoué,... c'est-à-dire dont la conduite extérieure annonce tant de dévouement à sa souveraine?

— Madame, dit Walter, qui, malgré l'air de sévérité dont la reine affectait encore de se couvrir, entrevoyait dans sa physionomie qu'elle ne regardait pas son crime comme impardonnable, on dit dans mon pays qu'un médecin est pour un certain temps le souverain de son malade. Or, mon noble maître était alors soumis à un docteur dont les avis lui ont été fort utiles, et qui avait déclaré que si on l'éveillait il y allait de sa vie.

— Ton maître aura donné sa confiance à quelque misérable empirique.

— Je l'ignore, madame; mais le fait est qu'il s'est éveillé ce matin beaucoup mieux portant qu'il ne l'avait été depuis plusieurs jours.

Ici les seigneurs de la suite de la reine se regardèrent les uns les autres, non pour se communiquer par les yeux quelques remarques sur cette nouvelle, mais pour tâcher de découvrir réciproquement l'effet qu'elle produisait sur chacun d'eux. La reine répondit sur-le-champ sans chercher à déguiser sa satisfaction : — Sur ma foi, je suis charmée d'apprendre qu'il se trouve mieux. Mais tu as été bien audacieux de refuser la porte au docteur que j'envoyais! Ne sais-tu pas que l'Écriture sainte dit que c'est dans la multitude des avis que gît la sûreté?

— Je ne sais, madame; mais j'ai entendu des savans prétendre que la sûreté dont parle ce passage concerne le médecin et non le malade.

— Par ma foi, dit la reine, je n'ai rien à lui répondre; car mon hébreu ne vient pas à volonté : qu'en dites-vous, milord de Lincoln, ce jeune homme interprète-t-il convenablement le texte?

— Le mot *sûreté*, madame, dit l'évêque de Lincoln, paraît avoir été adopté un peu à la hâte, car le mot hébreu auquel il sert de traduction...

— Je vous ai dit, milord, que j'ai oublié mon hébreu. Mais dites-moi, jeune homme, quel est votre nom, quelle est votre famille?

— Je me nomme Walter Raleigh, madame; je suis un des fils cadets d'une famille nombreuse, mais honorable, du Devonshire.

— Raleigh! dit Élisabeth après un moment de réflexion. N'avez-vous pas servi en Irlande?

— Oui, madame; mais je ne crois pas avoir été assez heureux pour avoir fait quelque chose qui ait mérité d'arriver jusqu'aux oreilles de Votre Majesté.

— Elles entendent de plus loin que vous ne le pensez, Raleigh. Je me rappelle fort bien un jeune homme qui, dans le comté de Shannon, défendit le passage d'une rivière contre une troupe d'Irlandais révoltés, et qui en teignit les eaux de leur sang et du sien.

— Si mon sang a été versé en cette occasion, dit Walter en baissant les yeux, je n'ai fait que m'acquitter d'une partie de mon devoir, puisque tout le sang qui coule dans mes veines est dû au service de Votre Majesté.

— Tu es bien jeune, dit la reine, pour avoir si bien combattu et pour parler si bien. Mais il faut que je t'impose une pénitence pour avoir fermé la porte à mon pauvre Masters. Le digne homme a gagné un rhume sur la Tamise. Il arrivait de Londres, où il avait été faire quelques visites, quand mon ordre lui est parvenu, et il s'est fait un devoir, une affaire de conscience, de partir sur-le-champ pour Say's-Court. Ainsi, Raleigh, je te condamne à porter ton manteau couvert de boue jusqu'à ce qu'il me plaise d'en ordonner autrement. Et voici, ajouta-t-elle en lui remettant un joyau en or ressemblant à un pion d'échecs, ce que je te donne pour porter à ton cou.

Walter Raleigh, à qui la nature avait appris l'art que bien des courtisans n'acquièrent qu'après une longue expérience, fléchit un genou en terre et baisa la main qui lui donna ce présent. Il savait peut-être mieux qu'aucun de ceux qui l'entouraient comment concilier le dévouement respectueux dû à la reine avec l'hommage de galanterie que réclamait sa beauté : et il réussit si bien dans cette première tentative qu'il satisfit en même temps la vanité personnelle d'Élisabeth et son amour pour la domination.

Mais si la reine fut contente de sa première entrevue avec Walter Raleigh, le comte de Sussex ne tarda pas à en recueillir le fruit.

— Milords et mesdames, dit la reine en s'adressant à

la suite qui l'environnait, puisque nous voici sur la Tamise, il me semble que nous ferions aussi bien de renoncer à notre projet d'aller à Londres, et de surprendre ce pauvre comte de Sussex en lui faisant une visite. Il est malade ; il souffre sans doute doublement par la crainte où il est de nous avoir déplu ; et le franc aveu de ce jeune étourdi l'a complètement justifié. Qu'en pensez-vous? ne serait-ce pas un acte de charité que de lui porter une consolation telle que celle que peut lui procurer la présence d'une reine à laquelle il a rendu de si grands services?

On juge bien qu'aucun de ceux à qui ce discours s'adressait ne songea à ouvrir un avis contraire.

— Votre Majesté, dit l'évêque de Lincoln, est l'air que nous respirons.

Les militaires dirent que la présence du souverain était la pierre qui donnait le fil au glaive du soldat.

Les hommes d'état pensèrent que la vue de la reine était une lumière qui éclairait la marche des conseillers (1).

Enfin toutes les dames convinrent unanimement qu'aucun seigneur d'Angleterre ne méritait les bonnes graces de sa souveraine mieux que le comte de Sussex, sans préjudice des droits du comte de Leicester, ajou-

---

(1) Toutes ces formes de flatterie orientale étaient presque exigées par Élisabeth au nom de son double titre de reine et de femme. Cette princesse les prenait d'ailleurs à la lettre, et son despotisme imposait une continuelle servilité à cette fière Angleterre, dont les écrivains affectent encore aujourd'hui de nous reprocher comme une flétrissure le pouvoir absolu de Louis XIV.

Éd.

tèrent les plus politiques; mais la reine n'eut pas l'air de faire attention à cette exception.

Les bateliers eurent donc ordre d'arrêter la barque à Deptford, dans l'endroit le plus voisin de Say's-Court, afin que la reine pût satisfaire sa sollicitude royale et maternelle en allant chercher elle-même des nouvelles de la santé du comte de Sussex.

Walter, dont l'esprit délié prévoyait les conséquences importantes qui pouvaient résulter des événemens les plus simples en apparence, s'empressa de demander à la reine la permission de la précéder dans une barque légère, pour aller annoncer sa visite à son maître, en donnant pour motif, avec adresse, que l'excès de la surprise pourrait être funeste au comte dans l'état fâcheux où se trouvait sa santé, de même que le cordial le plus puissant devenait quelquefois fatal au malade épuisé par une longue maladie.

Mais, soit que la reine trouvât qu'un jeune homme montrait trop de présomption en donnant ainsi son opinion sans qu'on la lui demandât, soit plutôt qu'elle voulût vérifier par elle-même s'il était vrai, comme on le lui avait dit, que le château de Say's-Court fût rempli d'hommes armés comme une place de guerre, elle répondit à Raleigh d'un ton assez brusque de garder ses conseils pour le moment où on les lui demanderait. Elle ordonna de nouveau qu'on abordât à Deptford, et ajouta : — Nous verrons quelle espèce de maison tient le comte.

— Maintenant que le ciel jette sur nous un regard de pitié, pensa Raleigh, les bons cœurs ne manquent pas autour du comte, mais les bonnes têtes y sont plus rares, et il est trop mal pour donner des ordres. Tout le monde sera à déjeuner quand nous arriverons; Blount, avec ses harengs d'Yarmouth et un pot d'ale; Tracy, avec ses boudins noirs et du vin du Rhin; ces misérables Gallois, Thomas Ap Rice et Evan Evans, avec leur soupe aux poireaux et leur fromage fondu, toutes choses qui ne sentent ni la rose ni le jasmin; et l'on dit que la reine déteste les odeurs fortes. S'ils pouvaient seulement songer à brûler du romarin dans l'antichambre... Mais *vogue la galère!* il faut tout confier à la fortune; elle ne m'a pas trop maltraité ce matin. Il m'en coûte un beau manteau; mais j'espère que j'ai fait mon chemin à la cour. Puisse-t-elle être aussi favorable à notre brave comte!

La barque arriva bientôt à Deptford; et la reine, ayant débarqué au milieu des acclamations que sa présence ne manquait jamais d'exciter, se rendit à pied à Say's-Court, conduite sous un dais, et accompagnée de toute sa suite.

Les cris de joie du peuple donnèrent au château la première annonce de l'arrivée de la reine. Sussex tenait conseil avec Tressilian sur ce qu'il avait à faire pour regagner les bonnes graces d'Élisabeth, qu'il craignait d'avoir perdues, quand, à sa grande surprise, il apprit qu'elle arrivait: ce n'était pas qu'il ignorât que la reine allait souvent visiter les premiers seigneurs de sa cour, tant en santé qu'en maladie; mais son arrivée inattendue ne lui laissait pas le temps de faire, pour la recevoir, des préparatifs dont il savait que la vanité d'Élisabeth était flattée, et la confusion qui régnait dans un château rempli de militaires, et que sa maladie avait contribué à augmenter, en rendait le séjour peu propre à être honoré en ce moment par la présence royale.

Maudissant intérieurement le hasard qui lui procurait cette gracieuse visite si à l'improviste, il se prépara à la hâte à descendre avec Tressilian, qui venait de lui raconter l'histoire d'Amy.

—Mon cher ami, lui dit-il, vous pouvez être sûr que, par justice et par affection, je vous soutiendrai de tout mon pouvoir dans cette affaire. Probablement nous allons voir dans peu d'instans si je puis me flatter d'avoir encore quelque crédit près de la reine, ou si, en appuyant votre demande, je ne vous nuirais pas au lieu de vous être utile.

Tout en parlant ainsi, il passait promptement une espèce de longue robe en fourrure, et mettait à sa toilette tout le soin que lui permettaient le peu d'instans qu'il avait pour se préparer à paraître devant sa souveraine. Mais toute l'attention qu'il aurait pu donner à sa parure n'eût jamais effacé les traces qu'avait laissées une maladie dangereuse sur des traits plus fortement prononcés qu'agréables. D'ailleurs il était de petite taille, et, quoique robuste, large des épaules, et propre à tous les exercices militaires, son entrée dans un salon n'était pas celle d'un homme sur lequel les yeux des dames aiment à se fixer. Aussi supposait-on que cet extérieur défavorable donnait à Sussex, malgré l'estime que lui accordait Élisabeth, un grand désavantage dans l'esprit de la reine quand elle le comparait à Leicester, l'homme de sa cour le mieux fait, et celui qui avait le plus de graces.

Tout l'empressement du comte ne lui permit d'arriver qu'à l'instant où la reine entrait dans le salon, et il s'aperçut sur-le-champ qu'elle avait le front couvert d'un nuage. Elle avait vu le château gardé avec autant de soin qu'en temps de guerre, et rempli de soldats et de gentilshommes armés; aussi les premiers mots qu'elle prononça exprimèrent son mécontentement.

— Sommes-nous dans une place assiégée, milord, ou avons-nous par hasard passé le château de Say's-Court, et débarqué à notre Tour de Londres?

Lord Sussex commença à balbutier quelques mots d'excuses.

— Il n'en faut point, milord, lui dit la reine. Nous n'ignorons pas la querelle qui existe entre vous et un autre seigneur de notre maison ; nous avons dessein d'en faire notre affaire incessamment, et de réprimer la liberté que vous prenez tous deux de vous entourer de gens armés, je pourrais dire de spadassins stipendiés, comme si, dans le voisinage de notre capitale et près de notre résidence royale, vous vous prépariez à une guerre civile l'un contre l'autre. Nous nous réjouissons de vous trouver mieux portant, quoique ce soit sans le secours du savant médecin que nous vous avions envoyé. Point d'excuses, milord ; je sais tout ce qui s'est passé à ce sujet, et j'ai réprimandé comme il convenait ce jeune étourdi, Walter Raleigh, dont, soit dit en passant, je compte débarrasser incessamment votre maison pour le prendre dans la mienne. Il a des qualités qui s'y développeront mieux que parmi les gens armés dont vous êtes environné.

Sussex, sans trop comprendre le motif de la soudaine faveur de Raleigh, ne répondit qu'en donnant son assentiment par un salut respectueux. Ensuite il supplia Sa Majesté d'accepter quelques rafraîchissemens ; mais Élisabeth ne voulut pas y consentir. Après quelques lieux communs de complimens beaucoup plus froids qu'on n'aurait dû l'attendre d'une démarche si flatteuse de sa part, la reine partit de Say's-Court, où son arrivée avait jeté la confusion, et où son départ laissa le doute, l'inquiétude et la crainte (1).

(1) L'épisode du manteau, qui est le sujet de ce chapitre, eut lieu dans une autre circonstance; mais c'était un fait assez peu important d'ailleurs pour que l'auteur pût le faire entrer dans son cadre en le plaçant où bon lui semblait. — Éd.

CHAPITRE XVI.

> « Qu'on les fasse tous deux paraître en ma présence :
> » Je veux voir ces rivaux altérés de vengeance,
> » Entendre l'accusé comme l'accusateur...
> » On pourrait comparer leur aveugle fureur
> » A l'orageuse mer, qu'un léger souffle irrite ;
> » Au feu qu'en un moment une étincelle excite. »
>
> SHAKSPEARE. *Richard II.*

— J'ai reçu ordre de me rendre demain à la cour, dit Leicester à Varney, pour m'y trouver, à ce qu'on présume, avec lord Sussex. La reine a dessein d'intervenir entre nous, et voilà le résultat de sa visite à Say's-Court, qu'il vous plaît de traiter si légèrement.

— Je soutiens qu'elle n'a pas la moindre importance, répondit Varney ; et j'ai appris d'une personne qui était à portée d'entendre une bonne partie de ce qui s'y est dit que Sussex y a perdu au lieu d'y gagner. La reine, en rentrant dans sa barque, a dit que Say's-Court avait l'air d'un corps-de-garde et l'odeur d'un hôpital : — Ou plutôt celle d'une cuisine de Ram's-Alley (1), a répondu la comtesse de Rutland, qui est toujours l'amie zélée de Votre Seigneurie. L'évêque de Lincoln ayant voulut ajouter son mot, et dire qu'on devait excuser la manière dont lord Sussex tenait sa maison, attendu qu'il n'était pas marié...

— Et comment lui répondit la reine? demanda Leicester avec intérêt.

— Fort vertement : elle lui demanda quel besoin avait lord Sussex d'avoir une femme, et l'évêque de Lincoln de parler d'un tel sujet. Si le mariage est permis, ajouta-t-elle, je ne vois nulle part qu'on en ait fait un devoir.

— Elle n'aime pas, dit Leicester, à entendre parler de mariage par les ecclésiastiques, ni à les voir se marier.

— Elle n'aime pas davantage les courtisans mariés, ajouta Varney. Mais, observant que le comte changeait de visage, il ajouta sur-le-champ que toutes les dames avaient fait chorus pour ridiculiser la manière dont Sussex tenait sa maison, et avaient dit que ce n'était pas ainsi que Sa Grace aurait été reçue chez le comte de Leicester.

— Vous avez recueilli bien des nouvelles, dit Leicester; mais vous avez oublié la plus importante de toutes, si vous ne l'omettez à dessein; elle a ajouté un nouveau satellite à tous ceux dont elle aime à voir les évolutions autour d'elle.

— Votre Seigneurie veut parler de Raleigh, de ce jeune homme du Devonshire, du chevalier du manteau, comme on le nomme à la cour.

---

(1) *L'allée ou Ruelle du Bélier*. Quartier de Londres. — Éd.

— Et qui pourra l'être un jour de la jarretière, car il fait des progrès rapides dans les bonnes graces de la reine. Elle a déclamé des vers avec lui, et elle l'admet déjà dans son intimité. Pour moi, je renoncerais bien volontiers à la part que je possède de ses inconstantes faveurs; mais je ne prétends pas que Sussex ou ce nouveau parvenu me fassent donner mon congé. Ce Tressilian est aussi on ne peut mieux avec Sussex. Je voudrais le ménager par considération pour... mais il veut courir lui-même au-devant de sa perte. Et ce Sussex! on dit que sa santé est à présent presque aussi bonne qu'elle l'a jamais été.

— La plus belle route offre des obstacles, milord, surtout quand elle conduit à une haute élévation. La maladie de Sussex était pour nous une faveur du ciel, et j'en espérais beaucoup. Il en a triomphé; mais il n'en est pas devenu pour cela plus redoutable pour Votre Seigneurie, qui, en luttant contre lui, l'a déjà terrassé plusieurs fois. Que le cœur ne vous manque pas, milord, et tout ira bien.

— Le cœur ne m'a jamais manqué, Varney.

— Non; mais il vous a plus d'une fois trahi. Celui qui veut monter à un arbre ne doit pas s'attacher aux fleurs qu'il porte; il faut qu'il ne songe qu'à saisir les maîtresses branches.

— Bien, bien! dit Leicester d'un ton d'impatience, je comprends ce que tu veux dire; mais je serai ferme, et mon cœur ne saurait me manquer ni m'abuser. Mets ma suite en bon ordre, et aie soin qu'elle soit assez splendide pour éclipser non-seulement le cortège mesquin de Ratcliffe, mais celui des plus nobles courtisans. Que chacun soit bien armé, sans faire parade de ses armes, et en ayant l'air de les porter plutôt parce que tel est l'usage que dans le dessein de s'en servir. Quant à toi, tu te tiendras toujours près de moi ; ta présence peut m'être nécessaire.

Sussex et son parti faisaient de leur côté de semblables préparatifs.

— Votre mémoire contre Varney, dit le comte à Tressilian, est en ce moment entre les mains de la reine. Je le lui ai envoyé par une voie sûre. Je crois que vous réussirez ; votre demande est fondée sur la justice et l'honneur, et Élisabeth possède au plus haut degré ces deux qualités. Mais il faut convenir que l'Égyptien (nom qu'il donnait à Leicester à cause de son teint un peu brun) a tout loisir de lui parler dans ce temps de paix. Si la guerre était à nos portes, je serais un de ses enfans chéris ; mais les soldats, comme leurs boucliers et leurs lances, sont hors de mode pendant la paix ; les habits de satin et les couteaux de chasse obtiennent la préférence. Eh bien! puisque telle est la mode, nous y sacrifierons. — Blount, as-tu veillé à ce que toute ma maison fût équipée à neuf ? Mais tu ne t'entends guère plus que moi à toutes ces fadaises ; tu aimerais mieux avoir à poster un piquet de lanciers.

— Raleigh s'est chargé de ce soin, milord, répondit Blount. Morbleu! votre cortège sera aussi brillant qu'une matinée du mois de mai. Quant à la dépense, c'est autre chose; on entretiendrait un hôpital de vieux soldats avec ce qu'il en coûte aujourd'hui pour habiller dix laquais.

— Il ne faut pas songer à la dépense en ce moment, Nicolas. Je suis obligé à Walter du soin qu'il a pris ; je me flatte pourtant qu'il n'aura pas oublié que je suis un vieux soldat, et que je ne voudrais pas de ces fanfreluches plus qu'il n'en est besoin.

— Je n'entends rien à tout cela, milord; mais vos parens et vos amis arrivent par vingtaines pour vous accompagner à la cour; et quoi que fasse Leicester, j'espère que nous y ferons aussi bonne figure que lui.

— Qu'on recommande strictement à chacun de se conduire de la manière la plus pacifique; point de querelle, à moins que nos ennemis n'en viennent à une violence ouverte. Je sais qu'il se trouve dans ma suite plus d'une tête chaude, et je ne veux pas que leur imprudence donne à Leicester quelque avantage sur moi.

Sussex était si occupé à donner ces différens ordres que ce ne fut pas sans peine que Tressilian trouva le moment de lui dire qu'il était surpris qu'il eût si promptement envoyé à la reine le mémoire rédigé au nom de sir Hugh Robsart. — L'avis des amis de sir Hugh, lui dit-il, était qu'on appelât d'abord à la justice de Leicester, le coupable étant un des officiers de sa maison, et je vous en avais informé.

— C'est ce qu'on pouvait faire sans s'adresser à moi, répondit Sussex avec un peu de hauteur. Du moins ce n'est pas moi qu'on devait prendre pour conseiller, quand il s'agissait de faire une démarche humiliante devant Leicester; et je suis surpris que vous, Tressilian, vous, homme d'honneur et mon ami, vous ayez pu penser à vous y soumettre! Si vous me l'avez dit, je ne vous ai pas compris, parce que je ne pouvais attendre de vous un tel projet.

— Ce n'est pas moi qui l'ai conçu milord : la marche que j'aurais préférée est précisément celle que vous avez adoptée; mais les amis de ce malheureux père...

— Oh! les amis! les amis! ils doivent nous laisser conduire cette affaire comme nous le jugeons convenable. C'est le vrai moment d'accumuler toutes les plaintes contre Leicester et ses affidés, et la reine regardera la vôtre comme une des plus graves. Au surplus, c'est une affaire faite; elle l'a maintenant sous les yeux.

Tressilian ne put s'empêcher de soupçonner que Sussex, voulant se fortifier contre son rival par tous les moyens possibles, s'était empressé de faire cette démarche pour jeter de l'odieux sur Leicester, sans examiner beaucoup s'il était probable qu'elle réussît; mais elle était irrévocable, et le comte mit fin à la discussion en congédiant tous ceux qui étaient près de lui. — Que chacun soit prêt à onze heures, dit-il, car il faut qu'à midi précis je sois à la cour et dans la salle de présence (1).

Tandis que les deux hommes d'état rivaux se préparaient ainsi à leur entrevue sous les yeux de la reine, Élisabeth elle-même n'était pas sans quelque appréhension de ce qui pourrait résulter du choc de deux esprits si ardens, soutenus l'un et l'autre par de nombreux partisans, et qui partageaient entre eux, ouvertement ou en secret, tous les vœux et toutes les espérances de sa cour. Le corps des gentilshommes pensionnaires fut mis sous les armes, et un renfort des *Yeomen* (2) était

(1) C'est ainsi qu'on appelait la salle d'audience ou de réception. — Éd.

(2) Dans l'origine, ce titre de *Yeoman* était donné aux petits propriétaires non gentilshommes; on l'appliqua à cette même classe enrégimentée en milice et servant à cheval; enfin on le donna comme titre honorifique aux soldats; et déjà sous Élisabeth c'était

venu de Londres par la Tamise. Élisabeth fit publier une proclamation portant défense à toute la noblesse d'approcher du palais avec une suite portant des armes à feu, ou ce qu'on appelait des armes longues (1). On disait même tout bas que le grand shérif du comté de Kent avait reçu des ordres secrets pour tenir sa milice prête à marcher au moindre signal.

L'heure fixée pour l'audience, à laquelle on s'était préparé de part et d'autre avec tant d'inquiétude, arriva enfin, et les deux comtes, chacun accompagné d'une suite nombreuse, entrèrent en même temps dans la cour du palais de Greenwich lorsque midi sonnait.

Comme si c'eût été un arrangement concerté d'avance, ou peut-être parce que la reine leur avait secrètement intimé que tel était son bon plaisir, Sussex arriva de Deptford par eau, et Leicester vint de Londres par terre, de sorte qu'ils entrèrent dans la cour par deux portes opposées. Cette circonstance, de peu d'imtance en elle-même, donna pourtant une sorte d'ascendant à ce dernier dans l'esprit du peuple : le cortège de ses courtisans, montés sur de superbes coursiers, avait l'air bien plus nombreux que la suite de Sussex, qui nécessairement était à pied. Les deux comtes se regardèrent, mais sans se saluer, chacun attendant peut-être que l'autre lui donnât une marque de politesse qu'il ne voulait pas lui accorder le premier. Presque à l'instant de leur arrivée la cloche du château sonna midi : les portes du palais s'ouvrirent, et les deux comtes y en-

---

un corps de gardes à cheval qu'on appelait comme aujourd'hui les *Yeomen* de la garde. — Éd.

(1) Piques et hallebardes. — Éd.

trèrent avec les personnes de leur suite à qui leur rang en donnait le droit; les autres restèrent dans la cour, chaque parti jetant sur l'autre des regards de haine et de mépris, et semblant ne désirer qu'un prétexte pour en venir aux mains; mais ils furent retenus par les ordres précis de leurs chefs, et peut-être encore plus par la présence d'une garde sous les armes, d'une force supérieure à la leur.

Cependant les hommes les plus distingués de chaque cortège avaient suivi les deux comtes jusque dans la grande antichambre, semblables à deux rivières dont es eaux, forcées à entrer dans le même lit, semblent ne se réunir qu'avec peine. Ils se rangèrent, comme par instinct, chacun d'un côté différent de l'appartement, et semblèrent empressés de tracer entre eux la ligne de séparation qui, lors de leur entrée, s'était trouvée momentanément effacée. Deux portes battantes au fond de l'antichambre, qui était une longue galerie, ne tardèrent pas à s'ouvrir, et un huissier annonça que la reine était dans la salle d'audience. Les deux comtes s'avancèrent à pas lents et d'un air majestueux vers la porte; Sussex suivi de Tressilian, de Blount et de Raleigh, et Leicester n'ayant avec lui que Varney. L'orgueil de Leicester fut obligé de céder à l'étiquette de la cour, et, saluant son rival d'un air grave et solennel, il s'arrêta pour le laisser passer avant lui comme pair de plus ancienne création. Sussex lui rendit sa politesse avec la même gravité cérémonieuse, et entra dans la salle d'audience. Tressilian et Blount voulurent l'y suivre; mais l'huissier leur en refusa l'entrée en leur disant qu'il ne pouvait laisser passer que ceux dont la liste lui avait été donnée. Raleigh, voyant le refus essuyé par ses deux compagnons, restait en arrière; mais l'huissier l'apercevant lui dit : — Quant à vous, monsieur, vous pouvez entrer; et il suivit le comte de Sussex.

— Suis-moi, Varney, dit le comte de Leicester, qui s'était tenu un peu à l'écart pour voir entrer Sussex; et s'avançant vers la porte, il allait entrer, quand Varney, qui le suivait pas à pas, et qui était revêtu du costume le plus à la mode à cette époque, fut arrêté par l'huissier, comme Tressilian et Blount l'avaient été avant lui.

— Que veut dire ceci, maître Bowyer? dit le comte de Leicester; savez-vous qui je suis, et ignorez-vous que ce gentilhomme est de ma maison et mon ami?

— Votre Seigneurie me pardonnera, répliqua l'huissier avec fermeté; mais mes ordres sont précis, et il est de mon devoir de les exécuter.

— Tu es un drôle, s'écria Leicester, le sang lui montant au visage, et tu agis avec partialité! Tu oses me faire cet affront quand tu viens de laisser entrer un homme de la suite du comte de Sussex.

— Milord, répondit Bowyer, M. Raleigh est maintenant au service de Sa Majesté, et mes ordres ne s'appliquent pas à lui.

— Tu es un misérable! un ingrat! s'écria Leicester; mais celui qui t'a mis en place peut t'en faire sortir; tu n'abuseras pas long-temps de ton autorité.

Oubliant sa discrétion et sa politique ordinaire, il prononça ces mots à voix haute, après quoi, entrant dans la salle d'audience, il salua respectueusement la reine, qui, vêtue avec encore plus de magnificence que de coutume, et entourée de ces guerriers et de ces hommes d'état dont le courage et la sagesse ont immortalisé son règne, était prête à recevoir les hommages de ses sujets. Elle rendit d'un air gracieux le salut du comte son favori, et portant les yeux alternativement sur lui et sur Sussex, elle semblait se disposer à leur adresser la parole, quand Bowyer, ne pouvant digérer l'insulte que Leicester lui avait faite publiquement dans l'exercice de ses fonctions, s'avança, sa verge noire à la main, et s'agenouilla devant elle.

— Eh bien, Bowyer, dit Élisabeth, de quoi s'agit-il? Il me semble que tu prends mal ton temps pour me donner cette marque de respect.

— Gracieuse souveraine, répondit-il tandis que tous les courtisans tremblaient de son audace, je viens vous demander si, dans l'exercice de mes fonctions, je dois obéir aux ordres de Votre Majesté ou à ceux du comte de Leicester, qui vient de me menacer publiquement de son déplaisir, et qui m'a adressé des expressions insultantes, parce que j'ai refusé de laisser entrer un homme de sa suite, conformément à l'ordre précis de Votre Majesté.

L'âme de Henry VIII s'éveilla dans le sein de sa fille, et elle se tourna vers Leicester avec un air de sévérité qui le fit pâlir ainsi que tous les amis qu'il avait dans la salle d'audience.

— Par la mort de Dieu! milord, s'écria-t-elle, car c'était son exclamation ordinaire, que veut dire ceci? Nous avions une grande opinion de vous, et c'est pourquoi nous vous avons approché de notre personne; mais ce n'est pas pour que vous cachiez le soleil à nos autres fidèles sujets. Qui vous a donné le droit de contredire nos ordres, et de contrôler les officiers de notre maison? Il n'existe dans cette cour, dans ce royaume qu'une seule maîtresse! et je n'y souffrirai pas de maître! Voyez à ce que Bowyer ne souffre en rien pour s'être fidèlement acquitté de ses devoirs, car je vous en rendrai responsable... Allez, Bowyer, et ne craignez rien; vous avez agi en homme honnête et en sujet fidèle. Nous n'avons pas ici de maire du palais.

Bowyer baisa la main que la reine étendit vers lui, et retourna à son poste, surpris lui-même du succès de son audace. Un sourire de triomphe dilata la physionomie des partisans de Sussex, tandis que ceux de Leiceister baissaient les yeux avec confusion; et lui-même, prenant l'air de la plus profonde humilité, n'essaya pas même de dire un seul mot pour sa justification.

Il agit en cela fort sagement; la politique d'Élisabeth voulait l'humilier, mais non le disgracier, et il était prudent de la laisser se satisfaire en déployant son autorité sans s'y opposer et sans lui répliquer. La reine ayant joué le rôle qu'exigeait sa dignité offensée, la femme ne tarda pas à avoir pitié du favori qu'elle venait de mortifier. Son œil pénétrant avait aperçu les regards de félicitation que s'adressaient mutuellement ceux qui favorisaient Sussex, et il n'entrait pas dans sa politique d'accorder les honneurs d'un triomphe décidé à aucun des deux partis.

— Ce que je dis à lord Leicester, ajouta-t-elle après un moment de silence, je vous le dis aussi, lord Sussex : vous aussi vous vous montrez à la cour d'Angleterre à la tête d'une faction.

— C'est à la tête de ces amis, gracieuse souveraine, dit Sussex, que j'ai combattu pour soutenir votre cause en Irlande, en Écosse et contre les révoltés du nord; mais j'ignore en quoi...

— Silence, milord, dit la reine en l'interrompant

Avez-vous dessein de faire assaut de paroles avec moi? La modestie de Leicester aurait dû vous apprendre à vous taire quand je vous adresse un reproche. Je vous dis, milord, que la sagesse de mon aïeul et de mon père a défendu aux nobles de ce pays civilisé de marcher avec de pareils cortèges armés! Croyez-vous que, parce que je porte une jupe, le sceptre soit devenu entre mes mains une quenouille? Je vous déclare qu'aucun roi de la chrétienté n'est moins disposé que celle qui vous parle à souffrir que son peuple soit opprimé, son autorité méconnue, la paix de son royaume troublée par l'arrogance d'un seigneur devenu trop puissant. Lord Leicester, lord Sussex, je vous ordonne d'être amis, ou, par la couronne que je porte, vous vous ferez un ennemi que vous trouverez trop fort pour vous.

— Madame, dit le comte de Leicester, vous êtes la source de tout honneur, et vous devez savoir ce qu'exige le mien; je le place à votre disposition; je me permettrai seulement d'ajouter que la discorde qui existe entre lord Sussex et moi n'est pas mon ouvrage, et qu'il n'a lieu de me regarder comme son ennemi qu'après m'avoir outragé.

— Quant à moi, madame, dit le comte de Sussex, je suis prêt à me conformer à vos ordres souverains; mais je serais charmé que lord Leicester voulût bien dire en quoi je l'ai outragé, pour me servir de ses propres termes, attendu que ma bouche n'a jamais prononcé un seul mot que je ne sois prêt à soutenir à pied ou à cheval.

— Et moi, dit Leicester, toujours sous le bon plaisir de ma gracieuse souveraine, mon bras n'est pas moins prêt à justifier mes paroles que celui de quiconque porte le nom de Ratcliffe.

— Milords, dit la reine, de pareils discours ne doivent pas se tenir en notre présence ; et si vous ne pouvez réprimer votre animosité, vous éprouverez que nous saurons trouver les moyens pour vous empêcher de vous y livrer ! que je vous voie vous donner la main, milords, et promettez-moi d'oublier vos dissensions.

Les deux ennemis se regardèrent d'un air d'irrésolution, et il semblait qu'aucun d'eux ne voulait faire le premier pas pour obéir à la reine.

— Sussex, dit Elisabeth, je vous en prie; Leicester, je vous l'ordonne.

Et cependant l'accent avec lequel elle prononça ces paroles donnait à la prière le ton d'un ordre, et à l'ordre celui d'une prière. Ils restaient pourtant encore immobiles. La reine alors, levant la voix de manière à montrer son impatience et une volonté absolue, appela un officier de sa suite.

— Sir Henri Lee, lui dit-elle, faites préparer un piquet de mes gardes, et qu'une barque se dispose à partir à l'instant. Lord Sussex, lord Leicester, je vous ordonne encore une fois de vous donner la main; et, par la mort de Dieu, celui qui hésitera à m'obéir tâtera du genre de vie de ma tour de Londres avant de reparaître en ma présence! J'abaisserai votre orgueil avant que nous nous séparions; je vous en donne ma parole de reine!

— La prison pourrait se supporter, dit Leicester; mais être banni de la présence de Votre Majesté ce serait perdre en même temps la lumière et la vie. Sussex, voici ma main.

— Et voici la mienne, dit Sussex; je vous l'offre franchement et loyalement; mais....

— Vous n'en direz pas davantage, dit la reine. Fort

bien, voilà où je voulais arriver, ajouta-t-elle en les regardant d'un œil plus favorable. Quand les bergers sont unis, le troupeau s'en trouve mieux. Je vous le dirai tout net, milords, vos dissensions ont causé d'étranges désordres parmi les gens qui vous sont attachés! Lord Leicester, n'avez-vous pas à votre service un nommé Varney?

— Oui, madame; je l'ai présenté à Votre Majesté, et il a eu l'honneur de baiser votre main à votre dernier voyage à Nonsuch.

— Je m'en souviens. Son extérieur n'est pas mal, mais je n'y ai rien trouvé d'assez frappant pour décider une fille d'honorable naissance à lui sacrifier son honneur et à devenir sa maîtresse : c'est pourtant ce qui est arrivé ; cet officier à votre service a séduit la fille d'un bon vieux chevalier du Devonshire, de sir Hugh Robsart de Lidcote-Hall, et elle a déserté pour lui la maison paternelle comme une fille abandonnée.—Qu'avez-vous donc, lord Leicester? vous trouveriez-vous mal? votre visage se couvre d'une pâleur mortelle.

— Non, madame, répondit Leicester. Et il eut besoin de faire de grands efforts sur lui-même pour pouvoir prononcer ces deux mots.

— Certainement vous vous trouvez mal, continua Elisabeth en s'approchant de lui de l'air du plus vif intérêt. Qu'on cherche Masters; qu'on appelle le chirurgien de service; où sont-ils donc tous deux ? Leur négligence nous fera perdre celui qui fait l'orgueil de notre cour. Serait-il possible, Leicester, ajouta-t-elle en le regardant de l'air le plus doux, que la crainte d'avoir encouru notre déplaisir ait produit un tel effet sur vous? Rassurez-vous, noble Dudley, nous n'entendons pas vous rendre responsable des fautes d'un homme qui est à votre service; nous savons, milord, que vos pensées sont occupées bien différemment! Celui qui veut gravir jusqu'à l'aire de l'aigle n'aperçoit pas ceux qui cherchent des linottes au pied du rocher.

— L'entendez-vous? dit Sussex à l'oreille de Raleigh: il faut que le diable lui prête son secours; ce qui suffirait pour enfoncer tout autre à cent brasses dans la mer ne fait que le mettre mieux à flot. Si l'un de mes officiers en eût fait autant...

— Silence, milord! dit Raleigh; pour l'amour du ciel, silence! Attendez que la marée change; je crois que l'instant n'en est pas éloigné.

La pénétration de Raleigh n'était pas en défaut, car la confusion de Leicester était si grande en ce moment, et il en paraissait si accablé, qu'Élisabeth, après l'avoir regardé d'un air surpris, et voyant qu'elle ne recevait aucune réponse aux expressions de bonté qui venaient de lui échapper, jeta un coup d'œil rapide sur les courtisans qui l'entouraient, et, apercevant sans doute sur leur physionomie quelque chose qui confirmait les soupçons qu'elle commençait à concevoir, elle ajouta tout à coup: — Ou y aurait-il dans cette affaire plus que ce qui paraît aux yeux, milord, plus que vous désireriez que nous ne vissions? Où est ce Varney? quelqu'un l'a-t-il vu?

— S'il plaît à Votre Majesté, dit Bowyer, qui était à la porte, c'est à lui que je viens de refuser l'entrée de la salle d'audience.

— S'il me plaît! répéta Élisabeth avec aigreur, n'étant pas en ce moment d'humeur à trouver rien qui lui plût; il ne me plaît ni que personne se montre sans ordre en ma présence, ni qu'on éloigne de moi un homme qui a à répondre sur une accusation.

— S'il plaît à Votre Majesté, dit encore l'huissier interdit, si je savais en pareil cas comment me conduire, j'aurais grand soin....

— Vous deviez nous faire part de sa demande et prendre nos ordres. Vous vous croyez un grand homme, monsieur l'huissier, parce que nous venons de gourmander pour vous un des premiers seigneurs de notre cour; mais après tout vous n'êtes que la serrure qui tient la porte fermée. Faites venir sur-le-champ ce Varney. Il est aussi question d'un Tressilian dans cette pétition; qu'on les cherche tous deux.

On obéit, et Tressilian ainsi que Varney comparurent. Le premier coup d'œil de celui-ci fut pour Leicester, et le second pour la reine : il vit sur le front d'Élisabeth un orage prêt à éclater, et dans les regards consternés et abattus du comte il n'aperçut rien qui lui indiquât comment il devait manœuvrer son navire pour se disposer à résister à l'abordage; car la présence de Tressilian, mandé en même temps que lui en présence de la reine, lui avait fait sentir le danger de sa situation. Mais Varney était aussi effronté que peu scrupuleux, aussi adroit que fécond en expédiens; pilote habile dans le danger, il comprit tous les avantages qu'il y aurait pour lui à tirer Leicester d'embarras, et tout le risque qu'il courrait lui-même s'il ne pouvait y réussir.

— Est-il vrai, lui demanda la reine avec un de ces regards pénétrans auxquels peu de personnes pouvaient résister, est-il vrai que tu as eu l'audace de séduire et de déshonorer une jeune personne bien née et bien élevée, la fille de sir Hugh Robsart de Lidcote?

Varney fléchit un genou devant elle, et, prenant un air de contrition et d'humilité, dit qu'il ne pouvait nier qu'il n'y eût quelques liaisons d'amour entre lui et miss Amy Robsart.

Leicester frémit d'indignation en l'entendant s'exprimer ainsi, et pour un moment il se sentit le courage de dire adieu à la cour et aux faveurs de la reine, et d'avouer son mariage secret; mais il jeta les yeux sur Sussex, et l'idée du plaisir avec lequel il entendrait cet aveu lui ferma la bouche. Pas à présent du moins, pensa-t-il; ce n'est pas en ce moment que je lui assurerai un tel triomphe. Et serrant les lèvres l'une contre l'autre, il resta ferme et immobile, attentif à chaque mot que prononçait Varney, et déterminé à cacher jusqu'au dernier moment le secret dont semblait dépendre sa faveur à la cour.

Cependant la reine continuait à interroger Varney.

— Des liaisons d'amour! et de quel genre étaient ces liaisons? Si ton amour pour elle était honnête, pourquoi ne pas avoir demandé sa main à son père?

— Je n'osais faire cette demande, répondit Varney toujours agenouillé, parce que je savais que son père la destinait à un gentilhomme plein d'honneur (car je lui rendrai justice, quoique je sache qu'il est indisposé contre moi), à M. Edmond Tressilian, que je vois en présence de Votre Majesté.

— Et de quel droit engageâtes-vous une jeune personne, sans doute simple et naïve, à contrevenir aux volontés de son père par des liaisons d'amour, comme vous avez l'assurance de nommer vos criminelles liaisons?

— Madame, répondit Varney, il est inutile de plaider la cause de la fragilité humaine devant un juge à qui elle est inconnue, et celle de l'amour devant une personne qui n'a jamais cédé à cette passion.... qu'elle inspire à tous ceux qui l'approchent, ajouta-t-il d'une voix basse et timide après un moment d'intervalle.

Élisabeth essaya de froncer le sourcil ; mais elle sourit malgré elle. — Tu es un coquin merveilleusement impudent! lui dit-elle. As-tu épousé cette fille?

A cette demande Leicester frissonna de nouveau, et son cœur fut en proie à tant de sentimens si variés qu'il lui semblait que sa vie dépendait de la réponse qu'allait faire Varney, qui, après avoir hésité véritablement un instant, répondit : — Oui.

— Misérable scélérat! s'écria Leicester écumant de rage. Mais l'excès de son indignation, et la reine qui l'interrompit sur-le-champ, ne lui permirent pas d'ajouter un seul mot à cette exclamation.

— Milord, lui dit-elle, avec votre permission ce sera nous qui instruirons cette affaire; nous n'avons pas encore fini avec votre officier. — Ton maître, lord Leicester, était-il instruit de cette belle œuvre? Dis-moi la vérité, je te l'ordonne, et je te garantirai de tout danger de la part de qui que ce puisse être.

— Gracieuse souveraine, dit Varney, pour vous dire la vérité en face du ciel, mon maître seul en a été cause.

— Scélérat! qu'oses-tu dire? s'écria Leicester.

— Continue! dit la reine, les joues enflammées et les yeux étincelans; nul ne doit écouter ici d'autres ordres que les miens.

— Ils sont tout-puissans, madame, répondit Varney, et je ne puis avoir de secrets pour Votre Majesté; mais je ne voudrais pas confier les affaires de mon maître à d'autres oreilles que les vôtres.

— Éloignez-vous, milords, dit Élisabeth à ceux qui l'entouraient, et qui se retirèrent au bout de la salle. Et toi parle, qu'a de commun le comte avec cette intrigue criminelle? Prends bien garde de le calomnier.

— Loin de moi une pareille intention, madame! Cependant je dois avouer que, depuis quelque temps, mon noble maître est comme absorbé par un sentiment profond, mais secret, qui l'occupe tout entier, et qui l'empêche de surveiller la conduite des gens de sa maison, parmi lesquels il avait maintenu jusqu'alors l'ordre le plus sévère, négligence qui nous a conduits à faire des folies, dont la cause, par conséquent, comme dans l'affaire dont il s'agit, doit lui être attribuée au moins en partie. Sans cela je n'aurais eu ni les moyens ni le loisir de commettre la faute qui a attiré sur moi son déplaisir, peine la plus sévère qui pût m'être infligée, si j'en excepte le ressentiment de votre gracieuse majesté.

— Ce n'est que de cette manière que ton maître a pris part à ta faute?

— De cette manière seule, madame; mais depuis certain événement qui lui est arrivé on ne le prendrait plus pour le même homme. Regardez-le, madame; voyez comme il est pâle et tremblant! Quelle différence avec l'air de dignité qu'on lui voyait autrefois! Et cependant, qu'a-t-il à craindre de tout ce que je puis dire à Votre Majesté? Ah, madame! depuis qu'il a reçu ce fatal paquet....

— Quel paquet? demanda la reine avec vivacité; qui le lui envoyait?

— C'est ce que j'ignore, madame; mais je l'approche

de si près que je sais que, depuis cette époque, il a toujours porté autour de son cou une tresse de cheveux à laquelle est suspendu un petit joyau en or en forme de cœur : il lui adresse la parole quand il est seul; il ne le quitte ni jour ni nuit; jamais païen n'a adoré son idole avec plus de ferveur.

— Il faut que tu sois un drôle bien hardi pour épier ton maître de si près, et un bavard bien indiscret pour me raconter ainsi ses folies, dit la reine en rougissant, mais sans colère. Et de quelle couleur est la tresse dont tu parles?

— Un poète, madame, dirait qu'elle a été coupée d'une toile d'or travaillée par les mains de Minerve; mais, à mon avis, la couleur en est plus pâle que celle de l'or le plus pur, elle ressemble davantage au dernier rayon de soleil d'un beau jour de printemps.

— Vraiment, monsieur Varney, vous êtes poète vous-même, dit la reine en souriant; mais je n'ai pas l'esprit assez subtil pour suivre vos métaphores. Regardez toutes ces dames; y en a-t-il une.... et ici elle tâcha d'affecter un air de grande indifférence, y en a-t-il une dont les cheveux vous rappellent la couleur de cette tresse? Je serais charmée de savoir quels cheveux ressemblent à la toile de Minerve, ou... comment avez-vous dit? au dernier rayon de soleil d'un jour de printemps.

Varney jeta les yeux successivement sur toutes les dames qui se trouvaient dans la salle d'audience, et les porta ensuite sur la reine, mais avec l'air du plus profond respect.

— Je ne vois ici, dit-il alors, aucune chevelure digne de semblables comparaisons, à moins que mes yeux ne se portent sur ce qu'ils n'osent regarder.

— Comment ! drôle, dit la reine, oserais-tu donner à entendre....

— Pardon, madame, répliqua Varney en mettant une main devant ses yeux ; c'est un rayon du soleil de mai qui m'a ébloui.

— Retire-toi ! dit la reine ; il faut assurément que tu sois fou ; et, se détournant de lui, elle s'avança vers Leicester.

Une vive curiosité, mêlée aux craintes, aux espérances et aux diverses passions qui agitent les factions à la cour, avait rempli le cœur de tous ceux qui assistaient à cette audience pendant la conférence secrète de la reine avec Varney. Personne ne se permettait le plus léger mouvement, et l'on aurait même cessé de respirer si la nature ne se fût opposée à une telle interruption des fonctions de la vie. Cette atmosphère était contagieuse ; et Leicester, voyant tout ce qui l'entourait désirer ou craindre son élévation ou sa chute, oublia tout ce que l'amour lui avait d'abord inspiré ; il ne fut plus sensible, pour l'instant, qu'à la faveur ou à la disgrace qui dépendaient d'un signe d'Élisabeth et de la fidélité de Varney. Il se recueillit, et se prépara à jouer son rôle dans la scène qui semblait devoir avoir lieu ensuite ; mais, d'après quelques regards que la reine jeta de son côté, il put juger que, quel que fût le sujet de sa conversation avec Varney, le résultat ne lui en était pas défavorable. Son incertitude ne dura pas longtemps, car la manière plus que gracieuse dont Élisabeth l'aborda annonça son triomphe à son rival et à toute la cour.

— Vous avez en Varney, milord, lui dit-elle, un serviteur bien indiscret ; vous faites bien de ne lui rien confier qui puisse vous faire tort dans mon opinion, car ce ne serait pas long-temps un secret.

— Il serait coupable, dit Leicester en fléchissant un genou, s'il cachait quelque chose à Votre Majesté. Je voudrais que mon cœur fût ouvert au point que vous y puissiez lire sans l'aide d'aucun de mes serviteurs.

— Quoi, milord! dit Élisabeth en le regardant avec bonté, ne s'y trouve-t-il pas quelque petit coin sur lequel vous voudriez jeter un voile? Je vois que cette question vous embarrasse; mais votre reine sait qu'elle ne doit pas examiner de trop près les motifs d'après lesquels ses plus fidèles serviteurs s'acquittent de leurs devoirs, de peur d'y trouver quelque chose qui pourrait, ou du moins qui devrait lui déplaire.

Soulagé par ces derniers mots, Leicester lui peignit avec volubilité tout l'excès d'un dévouement sans bornes, et peut-être ses discours étaient-ils en ce moment d'accord avec les sentimens de son cœur : les diverses émotions qui l'avaient d'abord agité avaient fait place à l'énergique résolution de maintenir son rang dans les bonnes graces de la reine; jamais il n'avait paru à Élisabeth plus éloquent, plus beau, plus intéressant que lorsque, agenouillé devant elle, il la conjura de le dépouiller de tout son pouvoir, mais de lui laisser le nom de son serviteur. — Retirez au pauvre Dudley tout ce que vous lui avez donné, lui dit-il; rejetez-le dans la situation obscure d'où vous l'avez tiré; ne lui laissez que son manteau et son épée; mais souffrez qu'il jouisse encore de ce qu'il n'a pas mérité de perdre, de l'estime d'une souveraine adorée.

— Non, Dudley, répondit Élisabeth en lui faisant signe de se relever, d'une main, et en lui présentant l'autre à baiser; Elisabeth n'a point oublié que lorsque vous étiez un pauvre gentilhomme dépouillé de votre rang héréditaire, elle était une princesse non moins pauvre, et que vous hasardâtes pour elle tout ce que l'oppression vous avait laissé, votre vie et votre honneur. Levez-vous, milord, vous dis-je, et rendez-moi ma main; levez-vous et continuez à être ce que vous avez toujours été, l'ornement de notre cour, le soutien de notre trône. Votre maîtresse peut avoir quelques torts à vous reprocher; mais elle reconnaîtra toujours vos services. Je prends Dieu à témoin, dit-elle en se tournant vers les courtisans qui étaient présens à cette scène intéressante, que je ne crois pas qu'aucun souverain ait jamais eu un serviteur plus fidèle que celui que j'ai trouvé dans le noble comte.

Un murmure d'approbation s'éleva parmi les seigneurs du parti de Leicester, et les amis de Sussex n'osèrent y opposer qu'un silence respectueux. Les yeux baissés, ils restèrent mortifiés et déconcertés par le triomphe complet et public de leurs antagonistes.

Le premier usage que fit Leicester de sa rentrée en faveur fut de demander à la reine ses ordres relativement à Varney. Quoiqu'il ne mérite que mon courroux, dit-il, si pourtant il m'était permis d'intercéder...

—J'avais oublié cette affaire, dit la reine, et je me le reproche. Nous devons rendre justice au plus humble comme au plus élevé de nos sujets. Nous vous remercions, milord, de nous en avoir rappelé le souvenir. Où est Tressilian? où est l'accusateur? Qu'il se présente devant nous.

Tressilian s'avança, et la salua respectueusement. Sa tournure, comme nous l'avons déjà dit, était pleine de grace et de noblesse, ce qui n'échappa point aux observations critiques d'Élisabeth. Elle le regarda avec attention, tandis qu'il était debout devant elle, d'un air calme et ferme, mais profondément affligé.

— Je ne puis m'empêcher de plaindre ce gentilhomme, dit-elle à Leicester; j'ai pris ce matin des renseignemens sur lui; j'ai su que c'est un homme instruit, un brave soldat, et il suffit de le voir pour en être convaincu. Nous autres femmes, milord, nous sommes capricieuses dans notre choix. J'aurais dit tout à l'heure, à en juger par les yeux, qu'il n'y avait pas de comparaison à faire entre lui et votre écuyer; mais ce Varney a la langue dorée, et l'amour s'est introduit dans le cœur de plus d'une femme par les oreilles. — M. Tressilian, la perte d'une flèche n'est pas un arc rompu. Votre tendresse véritable, comme je dois le croire, paraît avoir été mal récompensée; mais vous êtes un homme instruit, et vous n'ignorez pas que depuis la guerre de Troie jusqu'à nos jours il s'est trouvé plus d'une Cressida trompeuse. Oubliez cette infidèle, et que votre affection ait des yeux plus clairvoyans. Nous vous parlons ainsi plutôt d'après les écrits des doctes auteurs que d'après nos connaissances personnelles, notre rang et notre volonté ayant écarté bien loin de nous les lumières de l'expérience sur cette frivole passion. Quant au père de cette dame, nous adoucirons son chagrin en accordant à son gendre quelque place qui le mettra en état de soutenir honorablement son épouse. Et vous-même, Tressilian, nous ne vous oublierons pas. Suivez notre cour, et vous verrez qu'un vrai Troïlus peut compter sur nos bonnes graces. Songez à ce que dit cet original de Shakspeare à ce sujet: ses drôleries me viennent à l'esprit quand je devrais penser à autre chose. Ne sont-ce pas là ses vers?

> Cresside était à vous par le décret du ciel;
> Mais Cresside a brisé ce lien solennel.
> Pourquoi porteriez-vous envie à Diomède?
> Les fragmens de ces nœuds sont tout ce qu'il possède (1).

Vous souriez, lord Southampton? peut-être ma mauvaise mémoire estropie les vers de votre favori. Mais c'en est assez; qu'il ne soit plus question de cette sotte affaire.

Tressilian était toujours devant elle, dans l'attitude d'un homme qui voudrait être entendu, mais à qui le respect ferme la bouche. — Eh bien! ajouta la reine avec quelque impatience, que voulez-vous de plus? cette fille ne peut vous épouser tous deux. Elle a fait son choix. Ce n'était peut-être pas le meilleur qu'elle pût faire; mais enfin elle est épouse de Varney.

— Si cela était, gracieuse souveraine, dit Tressilian, je n'aurais plus rien à réclamer de votre justice, et toute idée de vengeance s'évanouirait; mais je voudrais en avoir de meilleures preuves que la parole de Varney.

— Partout ailleurs où un pareil doute m'insulterait, dit Varney, mon épée.....

— Ton épée! interrompit Tressilian en jetant sur lui un regard de mépris; sans le respect que je dois à Sa Majesté, la mienne.....

---

(1) *Troïlus et Cressida*, acte v. Cette pièce de Shakspeare devait être alors très-populaire : c'était une singulière transformation des âges héroïques de la Grèce tout-à-fait conforme au goût de la cour. Troïlus est un amant trahi; Cressida une femme légère.
Éd.

— Insolens! s'écria la reine; silence! Oubliez-vous tous deux où vous êtes? Voilà le résultat de vos dissensions, milords, dit-elle en regardant tour à tour Leicester et Sussex; les gens qui vous sont attachés prennent vos sentimens et votre humeur, et jusque dans ma cour, en ma propre présence, ils se bravent et se défient comme de vrais matamores. Messieurs, quiconque parlera de tirer l'épée pour toute autre cause que la mienne portera aux poignets des bracelets de fer dont il sentira le poids, je vous le garantis (1). Elle garda le silence un instant, et prenant un ton plus doux : — Ma justice, ajouta-t-elle, doit pourtant intervenir entre ces deux mutins audacieux. Lord Leicester, garantissez-vous sur votre honneur, c'est-à-dire autant que vous pouvez le savoir, que votre écuyer dit la vérité en assurant qu'il a épousé Amy Robsart?

L'attaque était directe, le coup difficile à parer. Il renversa presque Leicester. Mais il était trop avancé pour reculer, et il répondit après avoir hésité un moment : — Autant que je puis le savoir, madame..... je dois même dire, à ma pleine et entière connaissance... Amy Robsart est mariée.

— Gracieuse souveraine, dit Tressilian, m'est-il permis de demander à quelle époque et dans quel lieu ce prétendu mariage.....

— Ce prétendu mariage! s'écria la reine; la parole du noble comte ne vous garantit-elle pas la véracité de son serviteur? Mais vous êtes le perdant; vous croyez l'être au moins..... et je vous traiterai avec indulgence. J'exa-

---

(1) C'était bien là cette reine qui fit couper la main à l'auteur d'un pamphlet qui n'avait pas parlé d'elle assez respectueusement.

Éd.

minerai cette affaire à fond plus à loisir. Lord Leicester, je compte aller vous faire une visite dans votre château de Kenilworth la semaine prochaine. Je désire que vous invitiez notre bon et estimable ami le comte de Sussex à nous y tenir compagnie.

— Si le noble comte de Sussex, dit Leicester en saluant son rival avec autant de politesse que d'aisance, veut bien me faire cet honneur, je regarderai sa visite comme une preuve de l'estime et de l'amitié que Votre Majesté désire que nous ayons l'un pour l'autre.

Sussex montra plus d'embarras. — La maladie dont je souffre encore, madame, dit-il, ne me rend guère propre à contribuer à l'agrément d'une fête.

— Avez-vous donc été si sérieusement malade? dit Élisabeth en le regardant avec plus d'attention. Il est vrai que vous êtes bien changé, et je le vois avec beaucoup de chagrin. Mais soyez tranquille, nous veillerons nous-même à la santé d'un serviteur si précieux, et auquel nous avons tant d'obligations! Masters ordonnera votre régime, et nous ferons exécuter ses ordonnances; mais il faut que vous soyez du voyage de Kenilworth.

Elle prononça ces mots d'un ton si absolu, et en même temps si plein de bonté, que Sussex, quelque répugnance qu'il eût à recevoir l'hospitalité chez son rival, se vit dans la nécessité de s'incliner profondément pour exprimer à la reine qu'il obéirait à ses ordres, et il dit à Leicester, avec une politesse forcée, qu'il acceptait son invitation. Tandis que les deux comtes faisaient un échange de complimens à ce sujet, la reine dit à demi-voix à son grand trésorier : — Il me semble, milord, que les physionomies de ces deux nobles pairs ressemblent à ces deux fameuses rivières classiques, l'une si noire et si mélancolique, l'autre si noble et si limpide. Mon ancien maître Ascham me gronderait pour avoir oublié le nom de l'auteur qui en parle. Je crois que c'est César. Voyez quel calme majestueux règne sur le front de Leicester, et de quel air contraint Sussex lui adresse quelques mots de politesse, par déférence pour nos ordres.

— Le doute de la faveur de Votre Majesté, répondit le lord trésorier, suffit pour faire naître cette jalouse mésintelligence qui n'échappe pas aux yeux de Votre Grace; et vos yeux ne voient-ils pas tout?

— Un tel doute nous serait injurieux, milord, répliqua la reine. Tous deux nous sont également chers, et nous les emploierons l'un et l'autre avec impartialité pour le bien de notre royaume. Mais leur conférence a duré assez long-temps. Lord Sussex, lord Leicester, nous avons encore un mot à vous dire. Tressilian et Varney font partie de votre maison; vous aurez soin qu'ils vous accompagnent à Kenilworth. Et comme nous aurons alors Pâris et Ménélas à notre portée, nous voulons y voir aussi cette belle Hélène dont l'inconstance a fait tant de bruit. Varney, tu amèneras ta femme à Kenilworth, et qu'elle soit prête à paraître devant moi. Lord Leicester, vous veillerez à l'exécution de cet ordre.

Le comte et son écuyer s'inclinèrent, et quand ils relevèrent la tête ce fut sans oser arrêter les yeux sur la reine ni se regarder l'un l'autre; car tous deux en ce moment crurent voir les filets de mensonge qu'ils venaient de tendre prêts à se fermer pour les envelopper. La reine ne fit pourtant pas attention à leur confusion.

— Milords, dit-elle à Sussex et à Leicester, nous requérons votre présence au conseil privé que nous allons tenir, et où il s'agira d'affaires importantes. Nous ferons ensuite une promenade sur l'eau, et vous nous y accompagnerez. Et cela nous rappelle une circonstance. Sire chevalier du manteau, dit-elle à Raleigh en souriant, songez que vous devez me suivre dans toutes mes excursions, et faites-vous donner un costume convenable. On vous fournira les moyens de monter votre garde-robe.

Ainsi se termina cette audience mémorable, dans laquelle, ainsi que dans tout le cours de sa vie, Élisabeth réunit les caprices qui sont le plus souvent l'apanage de son sexe, au bon sens et à l'adroite politique par laquelle la fille de Henry VIII égala les plus grands rois.

CHAPITRE XVII.

« Notre route est choisie ; il faut tendre les voiles,
» Lever l'ancre, marcher toujours la sonde en main ;
» Veiller au gouvernail. Il n'est que trop certain
» Que des écueils cachés hérissent ce rivage ;
« Ces rochers dangereux ont vu plus d'un naufrage. »

FALCONER. *Le Naufrage.*

Pendant le court intervalle qui s'écoula entre la fin de l'audience et la séance du conseil privé, Leicester eut le temps de réfléchir qu'il venait de mettre lui-même le sceau à sa destinée. — Il était impossible, pensait-il, qu'après avoir, en face de tout ce que l'Angleterre avait de plus honorable, attesté, quoique en termes ambigus, la vérité de la déclaration de Varney, il se permit de le contredire ou de le désavouer sans s'exposer non-seulement à perdre la faveur dont il jouissait à la cour, mais à encourir le ressentiment personnel de la reine, qui ne lui pardonnerait pas de l'avoir trompée, et sans devenir l'objet du mépris et de la dérision de son rival et de tous ses partisans. La certitude de tous ces dangers frappa en même temps son esprit, tandis qu'il était d'une autre part effrayé de la difficulté de garder un secret qui ne pouvait plus se divulguer sans renverser son pouvoir et sans nuire à son honneur. Il était dans la situation de cet homme qui, exposé sur une glace prête à se briser autour de lui, n'a d'autre moyen de salut que de marcher en avant d'un pas ferme. Il lui fallait s'assurer, à tout risque, la faveur de la reine, pour laquelle il avait fait tant de sacrifices; c'était son unique planche de salut dans la tempête. Tous ses efforts devaient tendre non-seulement à se maintenir dans les bonnes graces d'Élisabeth, mais encore à augmenter la partialité que lui témoignait cette princesse. Il fallait qu'il fût son favori, ou qu'il souscrivit à la ruine de sa fortune et de son honneur. Toute autre considération devait être écartée pour le moment, et il chercha à bannir de son souvenir l'image importune d'Amy, en se disant qu'il aurait tout le temps d'aviser aux moyens de sortir du labyrinthe dans lequel il s'était engagé. Le pilote qui voit Scylla menacer sa proue, disait-il, ne songe qu'à l'éviter, sans penser au danger plus éloigné de Carybde.

Ce fut dans cette disposition d'esprit que Leicester alla prendre sa place accoutumée au conseil privé d'Élisabeth, et qu'il l'accompagna ensuite pendant sa promenade sur la Tamise; jamais il n'avait déployé plus avantageusement ses talens, soit comme politique du premier ordre, soit comme courtisan accompli.

Il arriva qu'il fut question, dans le conseil, des affaires

de l'infortunée Marie, reine d'Écosse, qui était alors dans la septième année de sa captivité en Angleterre. Sussex et quelques autres parlèrent avec force en faveur de cette malheureuse princesse, ils firent valoir la loi des nations et les droits de l'hospitalité avec une chaleur qui, quoique respectueuse et modérée, n'était pas tout-à-fait agréable aux oreilles de la reine. Leicester embrassa l'opinion contraire avec chaleur; il prétendit que la détention prolongée de la reine d'Écosse était une mesure nécessaire à la sûreté du royaume, et notamment à la personne sacrée d'Élisabeth. — Le moindre cheveu de la tête de notre souveraine, dit-il, doit être un objet plus précieux et plus intéressant que la vie et la fortune d'une rivale qui, après avoir élevé des prétentions aussi vaines qu'injustes au trône d'Angleterre, est encore, dans sa prison, la base constante sur laquelle reposent toutes les espérances des ennemis d'Élisabeth, soit au dedans, soit au dehors. Il finit par prier qu'on l'excusât si le zèle l'avait emporté trop loin; mais la sûreté de la reine était un sujet qui l'entraînait toujours au-delà des bornes de sa modération ordinaire.

Élisabeth le réprimanda, mais avec beaucoup de douceur, sur le trop d'importance qu'il attachait à ce qui la concernait personnellement. Elle avoua pourtant que, puisqu'il avait plu au ciel d'unir ses intérêts à ceux de ses sujets, elle croyait ne faire que son devoir quand les circonstances l'obligeaient à prendre des mesures dictées par le soin de sa propre sûreté. Elle se flattait que, si le conseil était d'avis que la prudence exigeât de priver sa malheureuse sœur d'Écosse de la liberté, il ne la blâmerait pas si elle priait la comtesse de Shrewsbury de la traiter avec tous les égards qui pouvaient s'accorder avec la nécessité de veiller sur sa personne. Et après avoir ainsi annoncé son bon plaisir, elle leva la séance.

Jamais on n'avait mis plus d'empressement à se ranger pour laisser passer le comte de Leicester que lorsqu'en sortant du conseil privé il traversa les antichambres remplies d'une foule de courtisans ; jamais les huissiers n'avaient crié à plus haute voix : Place! place au noble comte! jamais on n'avait obéi à ce signal plus promptement et avec plus de respect; jamais tant de regards ne s'étaient tournés vers lui dans l'espoir d'en obtenir un sourire de protection, un simple signe qu'ils n'étaient pas méconnus ; tandis que le cœur de plusieurs de ses humbles partisans battait entre le désir de lui offrir des félicitations et la crainte de paraître trop hardis en s'adressant en public à un homme de son rang. Toute la cour jugeait que l'issue de l'audience de ce jour, attendue avec tant de doutes et d'inquiétudes, était un triomphe décisif pour Leicester. On regardait comme indubitable que son rival, s'il n'était pas entièrement obscurci par son éclat, roulerait à l'avenir comme un astre secondaire dans une sphère plus éloignée du soleil. Ainsi pensait la cour, et les courtisans, du premier au dernier, agissaient en conséquence.

D'une autre part, jamais Leicester n'avait rendu avec plus de condescendance et d'un air plus agréable les saluts qui lui étaient adressés de tous côtés; jamais (pour employer l'expression d'un poète qui, en ce moment, n'était pas bien loin de lui) il n'avait su recueillir « tant d'opinions dorées sur son compte (1) »

---

(1) Edmond Spencer. — Éd.

Il avait pour chacun un salut, un sourire, un mot agréable; il les distribuait en grande partie à des courtisans dont les noms ont disparu depuis long-temps dans le fleuve d'oubli, mais il les adressait aussi quelquefois à des êtres dont le nom sonne d'une manière étrange à nos oreilles, quand on se les représente comme occupés des affaires journalières de la vie, attendu la prodigieuse élévation à laquelle les a portés la reconnaissance de la postérité. Voici quelques-unes des phrases qu'il débitait en passant.

— Vous voilà, Poynings! Comment se portent votre femme et votre charmante fille? pourquoi ne viennent-elles pas à la cour? — Votre demande ne peut réussir, Adams; la reine ne veut plus accorder de privilèges exclusifs; mais je pourrai vous servir dans une autre occasion. — Mon cher alderman Aylford, le procès de la cité, relativement à Queenhithe, marchera aussi vite que mon crédit pourra y contribuer. — M. Edmond Spencer, je voudrais pouvoir appuyer votre pétition, d'après mon amour pour les muses; mais vous avez lancé de furieux sarcasmes contre le lord trésorier.

— Milord, répondit le poète, s'il m'était permis de m'expliquer...

— Venez me voir chez moi, Edmond; pas demain ni après-demain, mais le plus tôt possible. — Ah! William Shakspeare! fou de William! il faut que tu aies donné à mon neveu, Philippe Sydney, de la poudre de sympathie, car il ne peut se coucher sans avoir sous son oreiller ton poème de *Vénus et Adonis* (1). Je te ferai

---

(1) Voyez ce poëme dans le premier volume de la traduction des *OEuvres de Shakspeare*, par M. Guizot. — Éd.

pendre comme le plus grand sorcier d'Europe. A propos, plaisant original, je n'ai pas oublié ton affaire avec les ours (1); j'y veillerai.

Le *comédien* s'inclina, le comte lui fit un signe de tête, et passa son chemin. C'est ainsi qu'on aurait parlé dans ce siècle: dans le nôtre, on pourrait dire que l'immortel avait rendu hommage au mortel.

Celui à qui le favori adressa ensuite la parole était un de ses plus zélés partisans, qui le salua, le sourire sur les lèvres, et d'un air de triomphe: — Sir Francis Denning, lui dit-il, cet air de bonne humeur vous rend la figure d'un tiers moins longue que lorsque je vous ai vu ce matin. — Eh bien, M. Bowyer! pourquoi vous tenez-vous à l'écart? croyez-vous que j'aie de la rancune contre vous? Vous n'avez fait que votre devoir ce matin; et si je me rappelle jamais notre petite altercation, ce sera pour vous en savoir gré.

Le comte vit alors s'avancer vers lui, avec des révérences grotesques, un personnage bizarrement vêtu d'un pourpoint de velours noir festonné, et garni de satin cramoisi. Une plume de coq surmontait la toque de velours qu'il tenait à la main, et l'on remarquait son énorme fraise empesée, selon l'absurde mode du temps. Il y avait dans l'expression de sa physionomie la suffisance d'un fat présomptueux sans esprit; la verge qu'il portait et son air d'importance annonçaient qu'il était revêtu de quelque dignité officielle dont il n'était pas peu vain. Une perpétuelle rougeur qui occupait,

---

(1) Altercation qui existait entre les comédiens et des gens qui donnaient un spectacle de combat d'ours, et dont il sera question plus tard. — Ép.

non ses joues maigres et creuses, mais toute la protubérance d'un nez effilé, paraissait annoncer l'habitude de la bonne vie, comme on disait alors, plutôt que celle de la modestie, et la manière dont il aborda le comte eût prouvé que ce soupçon n'était pas mal fondé.

— Bonjour, M. Robert Laneham, dit le comte sans s'arrêter, et désirant évidemment l'éviter.

— J'ai une demande à présenter à Votre Seigneurie, dit Laneham le suivant hardiment.

— Et quelle est-elle, maître gardien de la porte de la chambre du conseil?

— C'est-à-dire *clerc* de la porte de la chambre du conseil, dit Laneham avec emphase.

— Donne à tes fonctions tel titre que tu voudras; mais que me veux-tu?

— Simplement que Votre Seigneurie daigne me permettre d'être du voyage qui va avoir lieu à son superbe château de Kenilworth.

— Et pourquoi cela, Laneham? Songes-tu que je dois y avoir compagnie nombreuse?

— Pas assez nombreuse pour que Votre Seigneurie ne puisse y accorder une petite place à son ancien serviteur. D'ailleurs, milord, réfléchissez qu'il est possible qu'il s'y tienne quelque conseil, et que cette verge est nécessaire pour écarter ces écouteurs aux portes qui appliqueraient l'œil au trou de la serrure, et l'oreille à toutes les fentes qu'ils pourraient trouver. Ma verge est aussi indispensable au conseil, qu'un chasse-mouches à un étal de boucher.

— Ta comparaison est honorable pour le conseil; mais ne cherche pas à la justifier. Soit, j'y consens, viens à Kenilworth si bon te semble. Je n'y manquerai pas de fous, et tu trouveras à qui parler.

— Et s'il s'y trouve des fous, milord, je n'en aurai que plus de plaisir. J'aime à me divertir aux dépens d'un fou, autant qu'un lévrier à poursuivre un lièvre. Mais j'ai une autre faveur à solliciter de Votre Seigneurie.

— Explique-toi vite : il faut que je parte; la reine va sortir.

— Je voudrais, milord, y amener avec moi une compagne de lit.

— Que veut dire ceci? N'as-tu pas honte?...

— Milord, ma demande n'a rien qui soit contre les canons. J'ai une femme aussi curieuse que sa grand'-mère qui a mangé la pomme. Or je ne puis régulièrement la prendre avec moi, les ordres de sa majesté défendant rigoureusement à tout officier d'amener son épouse dans les voyages de la cour, afin de ne pas encombrer de femmes les équipages. Mais ce que je voudrais obtenir de Votre Seigneurie, ce serait que vous voulussiez bien lui donner quelque rôle à jouer dans quelque pantomime ou autre représentation histrionique, de manière qu'elle y parût sous quelque déguisement, sans qu'on pût se douter qu'elle est ma femme.

— Que le diable vous emporte tous deux ! s'écria Leicester en perdant patience par suite des souvenirs que ce discours faisait naître en lui. Pourquoi m'arrêtes-tu pour me débiter de telles sornettes ?

Le clerc de la porte de la chambre du conseil, effrayé de cet accès subit de colère, laissa tomber sa verge officielle, et fixa sur le comte ses gros yeux hébétés exprimant l'étonnement et la terreur, ce qui rappela Leicester à lui-même sur-le-champ.

— Je ne voulais que voir si tu avais la hardiesse qui convient à ta place, lui dit-il d'un ton adouci: viens à Kenilworth, et amènes-y le diable si tu veux.

— Ma femme a joué le rôle du diable dans un mystère, milord, du temps de la reine Marie; mais il nous manquerait une bagatelle pour le costume.

— Voici une couronne, mais débarrasse-moi de ta présence; j'entends sonner la grosse cloche.

Robert Laneham le regarda encore un moment d'un air de surprise; et se baissant pour ramasser le signe de sa dignité, il se dit à lui-même : — Le noble comte est dans une singulière humeur aujourd'hui; mais ceux qui donnent des couronnes ont le droit d'exiger que nous autres gens d'esprit nous fermions les yeux sur leurs lubies, car, par ma foi, s'ils ne payaient pas pour obtenir merci, nous ne les ménagerions guère.

Cependant Leicester traversait les appartemens du palais, négligeant alors les politesses dont il avait été si prodigue, et, fendant à pas pressés la foule des courtisans, il gagna un petit salon où il s'arrêta pour se reposer un moment et se livrer à ses réflexions solitaires.

— Que suis-je donc devenu, se dit-il à lui-même, pour que les vains discours d'un fou, d'une vraie cervelle d'oison, fassent sur moi une telle impression? Conscience, tu es comme le limier que le bruit d'une souris éveille aussi bien que le rugissement d'un lion! Ne puis-je donc, par une démarche hardie, me tirer d'un état si embarrassant, si pénible? Si j'allais me jeter aux pieds d'Élisabeth; lui tout avouer, implorer sa merci?

Tandis qu'il réfléchissait à cette dernière idée, la porte s'ouvrit, et Varney entra avec précipitation.

— Grace à Dieu, milord, s'écria-t-il, je vous trouve enfin !

— Dis plutôt grace au diable, dont tu es l'agent.

— Grace à qui vous voudrez, milord ; mais ne perdons pas un instant ; la reine est à bord, et demande où vous êtes.

— Va lui dire que je me suis trouvé mal tout à coup ; car, de par le ciel ! ma tête ne peut résister plus longtemps.

— Rien de plus facile, dit Varney avec un sourire amer, car ni vous, ni moi, qui, comme votre premier écuyer, devais vous suivre, n'avons déjà plus de places dans la barque de la reine. Comme je m'empressais d'accourir au palais pour vous chercher, j'ai entendu qu'on appelait le nouveau favori Walter Raleigh et notre ancienne connaissance Tressilian pour les leur donner.

— Tu es un vrai démon, Varney, répondit Leicester en se levant à la hâte ; mais tu l'emportes en ce moment. Je te suis.

Varney ne répondit rien, et, lui montrant le chemin, passa devant lui sans cérémonie, sortit du palais et prit le chemin de la Tamise, son maître le suivant à quelques pas comme machinalement. S'étant retourné, il s'arrêta, et lui dit d'un ton qui sentait la familiarité et presque l'autorité. — Que veut dire ceci, milord ? votre manteau tombe d'un côté, votre pourpoint est déboutonné ; permettez-moi...

— Varney, tu es quelquefois bien sot malgré toute ton astuce, dit Leicester en refusant son officieuse assistance : nous sommes fort bien ainsi ; quand nous vous demanderons d'avoir soin de notre personne, à la bonne heure; mais pour le-présent vous nous êtes inutile.

En parlant ainsi le comte reprit son sang-froid et son air d'autorité. — Il affecta de mettre encore plus de désordre dans ses vêtemens, — passa devant Varney avec le regard altier d'un supérieur, et à son tour il le précéda pour se diriger vers le rivage.

La barque de la reine était à l'instant de partir; les places réservées pour Leicester sur la poupe, et pour son écuyer sur la proue, étaient occupées par d'autres. Mais, à l'arrivée du comte, les rames, prêtes à battre l'eau, restèrent suspendues, comme si les bateliers eussent prévu qu'il y aurait quelque changement dans les rangs de la compagnie. La rougeur de la reine annonçait le mécontentement, et de ce ton froid auquel a recours un supérieur pour cacher l'agitation intérieure qu'il éprouve à ceux devant qui il ne pourrait la laisser apercevoir sans déroger à sa dignité, elle lui adressa ces paroles glaciales: — Nous vous avons attendu, milord de Leicester (1).

— Gracieuse souveraine, répondit Leicester, vous qui pouvez pardonner tant de faiblesses qui vous sont inconnues, n'accorderez-vous pas un peu de pitié aux émotions d'un cœur dont l'agitation se communique au corps et à l'esprit? Je me suis présenté devant vous ce matin, suspect, accusé; votre bonté a pénétré à travers les nuages de la calomnie, m'a rendu mon honneur, et, ce qui m'est encore plus précieux, vos bonnes graces; est-il étonnant, quelque malheureuse que soit pour moi

(1) On se rappelle le mot de Louis XIV : *J'ai failli attendre.*
Éd.

cette circonstance, que mon écuyer m'ait trouvé dans un état qui me laissait à peine la force de me traîner jusqu'ici, où un regard de Votre Majesté, quoique, hélas! un regard irrité, a eu le pouvoir de faire pour moi ce qu'Esculape aurait tenté vainement?

— Comment! s'écria Élisabeth en jetant les yeux sur Varney, milord s'est-il trouvé mal?

— Il a éprouvé une espèce de faiblesse, répondit l'adroit Varney, comme Votre Majesté peut l'apercevoir au désordre de ses vêtemens. Milord était si empressé de se rendre auprès d'elle qu'il n'a pas même voulu me donner le temps de le réparer.

— Peu importe, dit Élisabeth en jetant un regard sur les traits nobles du comte, auxquels le mélange étrange des passions qui venaient de l'agiter donnait un nouvel intérêt. Entrez, milord, entrez, nous vous trouverons une place. Quant à la vôtre, M. Varney, nous en avons disposé, vous vous placerez dans une autre barque.

Varney salua et se retira.

— Et vous aussi, ajouta-t-elle en regardant Raleigh, notre jeune chevalier du manteau, il faut que vous vous retiriez. Vous prendrez place dans la barque de nos dames d'honneur ; car pour Tressilian, il a déjà eu trop à souffrir du caprice des femmes pour que nous voulions qu'il ait encore à se plaindre d'un nouvel arrangement.

Leicester entra dans la barque de la reine, qui, changeant quelque chose à la distribution des places, lui en donna une à côté d'elle. Raleigh se leva, et Tressilian aurait été assez maladroitement poli pour offrir la sienne à son ami si un coup d'œil significatif de Walter lui-même, qui semblait à la cour dans son élément naturel, ne lui eût fait sentir que la reine se trouverait peut-être offensée qu'il montrât si peu d'empressement à profiter de la première faveur qu'elle lui avait accordée. Il resta donc assis en silence, tandis que Raleigh, saluant profondément Élisabeth, se disposait d'un air mortifié à sortir de la barque.

Un jeune courtisan, le galant lord Willoughby, crut voir sur la figure de la reine quelque chose qui annonçait de la pitié pour l'air de mortification, véritable ou affectée, du jeune Walter.

— Ce n'est pas nous, vieux courtisans, dit-il avec gaieté, qui devons cacher aux jeunes l'éclat du soleil. Sous le bon plaisir de Sa Majesté, je me priverai pour une heure de ce que ses sujets ont de plus cher, du bonheur de jouir de sa présence ; et je me mortifierai en me réduisant à la clarté des étoiles, tandis que je perdrai, pour quelques instans, la vue de Diane dans toute sa gloire. Je prendrai donc place dans la barque des dames d'honneur, et je céderai à ce jeune cavalier une heure de félicité.

— Si vous consentez à nous quitter, milord, lui dit la reine d'un ton moitié sérieux moitié badin, c'est une mortification à laquelle il faudra nous résoudre. Mais, quoique vous vous disiez un vieux courtisan, nous ne vous confierons pas le soin de nos dames d'honneur. Votre âge vénérable, ajouta-t-elle avec un sourire malin, sera mieux assorti avec celui de notre grand-trésorier, qui nous suit dans la troisième barque, et dont l'expérience peut encore profiter de la vôtre.

Lord Willoughby tâcha de cacher sous un sourire la contrariété qu'il éprouvait, salua la reine, et alla se placer dans la barque de lord Burleigh. Cette circonstance n'échappa point au comte de Leicester, qui cherchait à distraire son esprit de tout retour sur lui-même en s'occupant de ce qui se passait autour de lui. Mais quand la barque se fut éloignée du rivage, quand les musiciens, placés sur une autre, eurent commencé à faire résonner leurs instrumens, quand on entendit les acclamations du peuple, qui couvrait les deux rives de la Tamise, et que tout lui rappela la situation dans laquelle il se trouvait, le comte fit un effort sur lui-même pour ne plus songer qu'à se maintenir dans la faveur de la reine, et il déploya avec tant de succès les moyens de plaire qu'il avait reçus de la nature, qu'Élisabeth, charmée de sa conversation, mais alarmée pour sa santé, lui ordonna enfin, d'un air enjoué, de se taire quelques instans, de crainte qu'une conversation trop animée ne l'épuisât.

— Milords, dit-elle alors, — ayant rendu contre Leicester un édit de silence, nous vous demanderons vos conseils sur une affaire qu'il convient mieux de discuter au milieu de la gaieté et des instrumens de musique qu'avec la gravité de nos délibérations ordinaires. Quelqu'un de vous connaît-il une pétition qui nous a été présentée par Orson Pinnit, gardien, comme il se qualifie, de nos ours royaux? Qui de vous appuiera sa requête?

— Oh! certes, dit le comte de Sussex, avec la permission de Votre Majesté, ce sera moi. Orson Pinnit était un brave soldat avant que les épées du clan de Mac Donough l'eussent mis hors de combat en Irlande, et je me flatte que Votre Majesté continuera d'être ce qu'elle a toujours été, la protectrice de ses fidèles et loyaux serviteurs.

— C'est bien notre intention, dit la reine, et surtout quand il s'agit de nos pauvres soldats ou marins, qui hasardent leur vie pour une paye bien modique. Nous donnerions notre palais, ajouta-t-elle les yeux étincelans, pour en faire un hospice à leur usage, plutôt que de souffrir qu'ils me regardassent comme une maîtresse ingrate (1) ; mais ce n'est pas ce dont il s'agit. Et, après s'être livrée à cette effusion de patriotisme, reprenant le ton d'une conversation enjouée : — La requête d'Orson Pinnit, dit-elle, va un peu plus loin ; il se plaint de ce que, grace au goût que le public commence à prendre pour les spectacles, et surtout à l'espèce de fureur avec laquelle on se porte à celui où se jouent les pièces d'un William Shakspeare, dont je présume que le nom ne vous est pas tout-à-fait inconnu, milord, le mâle amusement du combat de l'ours tombe comparativement en discrédit, parce qu'on aime mieux voir ces coquins de comédiens faire semblant de se tuer que nos chiens et nos ours royaux se déchirer sérieusement. Que dites-vous à cela, lord Sussex ?

— Sur ma foi, madame, répondit le comte, vous ne pouvez croire qu'un vieux soldat comme moi ait grand'chose à dire en faveur des combats simulés, quand il s'agit de les comparer à des combats sérieux ; et cependant je ne veux pas de mal à Shakspeare. C'est un gaillard vigoureux : quoiqu'on dise qu'il est boi-

---

(1) Le palais de Greenwich a été effectivement converti en *Hôtel des Invalides* pour les marins, mais sous le règne de Guillaume et Marie. — Éd.

teux (1), il joue à ravir du bâton à deux bouts, et il s'est bravement battu contre les gardes-chasses du vieux sir Thomas Lucy de Charlecot, lorsqu'il s'est introduit dans son parc pour chasser les daims du maître et embrasser la fille du concierge.

— Je vous demande pardon, milord, dit Élisabeth; il a été question de cette affaire dans le conseil, et la fille du concierge n'y était pour rien. Nous ne voulons pas qu'on exagère la faute de ce pauvre hère. Mais que dites-vous de son jeu, de ses pièces, de son théâtre? Car c'est là le point de la question, et il ne s'agit nullement de ses anciennes erreurs, de ses chasses dans un parc, et des autres folies dont vous parlez.

— En vérité, madame, je ne veux pas de mal à ce fou. J'ai entendu quelques-uns de ses vers de paillard (je demande pardon de l'expression à Votre Majesté)(2), et il m'a même semblé qu'il s'y trouvait quelque chose de guerrier. Mais ce n'est que de la crème fouettée; point de substance, rien de sérieux, comme Votre Majesté l'a fort bien remarqué. Quel intérêt puis-je prendre à une demi-douzaine de coquins armés de fleurets rouillés et de boucliers de fer-blanc, qui ne donnent que la parodie d'une bataille, en comparaison du noble spectacle du combat de l'ours? Ce dernier spectacle a été

(1) On pourrait remarquer que l'auteur de *Kenilworth*, boiteux lui-même, s'est empressé d'adopter la nouvelle tradition d'après laquelle Shakspeare aurait été boiteux; circonstance encore récemment controversée. — Éd.

(2) Lord Sussex se sert d'une expression plus libre (*whoreson*): mais de son temps les oreilles étaient moins chatouilleuses que du nôtre, et Shakspeare ne fait pas toujours tenir à ses héros un langage très-chaste. — Éd.

honoré de la présence de Votre Majesté et de celle de vos illustres prédécesseurs dans ce beau royaume, fameux dans toute la chrétienté par ses mâtins incomparables et par le talent des gens qui font leur métier d'instruire des ours au combat. Il est grandement à craindre que ces deux races ne dégénèrent si l'on préfère aller écouter les fadaises ampoulées d'un histrion, au lieu d'encourager la plus belle image de la guerre qu'on puisse offrir en temps de paix, c'est-à-dire le combat de l'ours. Là vous voyez l'ours se tenant en garde, l'œil rouge et enflammé, comme un capitaine rusé qui reste sur la défensive pour engager son ennemi à venir l'attaquer dans son camp. Alors messire Mâtin s'élance dans la carrière, et saisit messire Bruin (1) à la gorge; mais celui-ci lui apprend quelle est la récompense de ceux qui, en temps de guerre, négligent, par excès de courage, les précautions de la prudence : il le serre entre ses bras, et le presse contre son sein, en vigoureux lutteur jusqu'à ce qu'on entende toutes ses côtes se brisant craquer l'une après l'autre avec un bruit semblable à un coup de pistolet. Mais en ce moment arrive un autre Mâtin non moins brave, mais ayant plus de jugement; il saisit messire Bruin par la lèvre inférieure, et y reste suspendu tandis que celui-ci, perdant son sang et poussant des hurlemens, cherche en vain à se débarrasser de son ennemi. Alors...

— Sur mon honneur, dit la reine, j'ai vu plus d'une fois le combat de l'ours, et j'espère bien le voir encore; mais vous en faites une description si admirable que, si je ne l'avais jamais vu, elle suffirait pour me le

(1) Nom générique de l'ours. — Éd.

mettre sous les yeux. Mais voyons, qui nous parlera maintenant sur ce sujet? Leicester, avez-vous quelque chose à nous dire?

— Votre Majesté permet donc que je me considère comme démuselé?

— Sans doute, pourvu que vous parliez sans vous fatiguer. Cependant, quand je pense que l'ours et le bâton se trouvent dans vos anciennes armoiries, je crois que je ferai mieux d'entendre un orateur moins partial.

— Sur ma parole, madame, quoique mon frère Ambroise de Warwick et moi nous portions dans nos armoiries les emblèmes que vous daignez rappeler, nous n'en sommes pas moins amis de l'impartialité. Je vous dirai donc, en faveur des comédiens, que ce sont des drôles spirituels qui occupent l'esprit du peuple par leurs bouffonneries, et qui l'empêchent de se mêler des affaires publiques, d'écouter de faux bruits, des insinuations déloyales, des discours perfides. Quand on s'occupe à voir la manière dont Marlow (1) et Shakspeare dénoueront leurs intrigues imaginaires, ainsi qu'ils les appellent, on ne songe pas à examiner la conduite de ceux qui gouvernent.

— Mais je n'entends pas empêcher mon peuple d'examiner ma conduite, milord, parce que plus il l'examinera de près, et mieux il en appréciera les véritables motifs.

— On prétend, madame, dit le doyen de Saint-Asaph, puritain à toute outrance, que non-seulement ces comédiens débitent dans leurs pièces des expressions

---

(1) Contemporain de Shakspeare, et auteur entre autres d'un *Faust* en cinq actes. — Éd.

profanes et licencieuses tendant à engendrer le péché et la débauche, mais qu'ils y introduisent aussi des réflexions sur le gouvernement, sur son origine, sur son objet, propres à rendre le peuple mécontent et à ébranler les fondations de la société civile; et je dirai, sous le bon plaisir de Votre Majesté, qu'il ne paraît pas prudent de permettre à ces bouches impures de ridiculiser la gravité des hommes pieux, de blasphémer le ciel, de calomnier ceux qui gouvernent la terre, et de braver ainsi les lois divines et humaines.

— Si nous pouvions croire qu'ils le fissent, milord, nous aurions bientôt réprimé une telle licence : mais il n'est pas juste de défendre l'usage d'une chose, parce qu'il est possible d'en abuser; et quant à ce Shakspeare, nous pensons qu'il se trouve dans ses pièces des choses qui valent vingt combats d'ours, et que ce qu'il appelle ses chroniques (1) peut fournir un divertissement honnête et une instruction utile non-seulement à nos sujets, mais aux générations qui nous succèderont.

— Le règne de Votre Majesté, dit Leicester, n'aura pas besoin d'un si faible appui pour passer à la postérité; et cependant Shakspeare a touché à sa manière divers incidens du gouvernement de Votre Majesté, de façon à contre-balancer tout ce que vient de dire sa révérence le doyen de Saint-Asaph. Il y a, par exemple, quelques vers... Je voudrais que mon neveu Philippe Sidney fût ici, car ils sont constamment dans sa bouche. C'est une espèce de conte de fée : il est question d'amour, de traits, de... Mais, quelque beaux qu'ils soient,

---

(1) C'était ainsi que Shakspeare nommait ses tragédies tirées de l'histoire d'Angleterre. — Éd.

ils sont bien loin d'approcher du sujet auquel ils font allusion. Je crois que Sidney les répète même en dormant.

— Vous nous faites subir le supplice de Tantale, milord. Nous savons que Philippe Sidney est un favori des muses, et nous nous en réjouissons. La valeur ne brille jamais plus que lorsqu'elle est unie au goût et à l'amour des lettres. Mais sûrement il se trouvera quelqu'un de nos jeunes courtisans dont la mémoire se rappellera ce que des affaires plus importantes ont effacé de la vôtre. M. Tressilian, vous qu'on m'a représenté comme un adorateur de Minerve, vous souvenez-vous de ces vers?

Le cœur de Tressilian était trop accablé de tristesse, ses plus douces espérances venaient d'être trop cruellement déçues pour qu'il voulût profiter de cette occasion de fixer sur lui l'attention de la reine; mais il résolut de faire jouir de cet avantage un jeune ami plus ambitieux. S'excusant donc sur un prétendu défaut de mémoire, il ajouta qu'il croyait que Walter Raleigh savait les vers auxquels le comte de Leicester venait de faire allusion.

Par l'ordre de la reine, Raleigh se leva, et déclama avec autant de goût que de grace la célèbre vision d'Obéron (1), de manière à en faire sentir la délicatesse et à y ajouter un nouveau charme.

> Je vis alors, mais tu ne pus le voir,
> Le jeune Amour, tout fier de son pouvoir,
> Qui dans les airs planait à tire-d'aile.
> De son carquois une flèche fidèle
> Fut à son arc ajustée à l'instant.
> Le trait partit, et Cupidon content,

(1) Dans la scène II du second acte du *Songe d'une nuit d'été*, pièce de Shakspeare. — Éd.

> Crut que sa main, jusqu'alors toujours sûre,
> Perçait le cœur battant sous la ceinture
> D'une beauté reine dans l'Occident.
> Trop vain espoir! projet trop imprudent!
> Un seul rayon de la chaste Cynthie
> Sut émousser la flèche trop hardie;
> Et la vestale, au front plein de pudeur,
> Brava l'Amour, et conserva son cœur.

La voix de Raleigh, en débitant ces vers, était un peu tremblante, comme s'il eût douté que cet hommage plût à la souveraine à qui il était adressé. Si cette inquiétude était affectée, c'était une bonne politique; si elle était véritable, elle n'était pas nécessaire. Ces vers n'étaient probablement pas une nouveauté pour la reine, car jamais une élégante flatterie n'a tardé à parvenir à l'oreille du souverain à qui elle est destinée. Mais elle n'en fut pas moins bien reçue en passant par la bouche de Raleigh. Également charmée des vers, de la manière dont ils étaient déclamés, et des traits gracieux et animés de celui qui les récitait, Élisabeth, les yeux fixés sur Walter, marquait de la main le repos, la césure de chaque vers, comme s'il se fût agi de marquer les temps d'un morceau de musique. Lorsqu'il eut cessé de parler, elle répéta, comme par distraction, le dernier vers,

> Brava l'Amour, et conserva son cœur.

En même temps sa main laissa échapper dans la Tamise la pétition du gardien des ours royaux, que les flots portèrent peut-être jusqu'à Sheerness, où elle reçut un plus favorable accueil.

Le succès que venait d'obtenir le jeune courtisan piqua Leicester d'émulation, à peu près comme le vieux cheval de course redouble ses efforts quand il voit un jeune coursier le devancer dans la carrière. Il fit tomber la conversation sur les jeux, les banquets, les fêtes, et sur le caractère de ceux qu'on y voyait figurer. Il mêla des observations fines à une critique légère, tenant ce juste milieu qui évite également l'insipidité de l'éloge et l'amertume de la satire. Il imita avec beaucoup de naturel le ton de l'affectation et de la rusticité, et celui qui lui était naturel n'en parut que doublement gracieux quand il y revint. Les pays étrangers, leurs mœurs, leurs coutumes, l'étiquette des différentes cours, les modes, même la parure des dames, lui servirent successivement de texte, et rarement il passait d'un sujet à l'autre sans trouver le moyen de faire quelque compliment, exprimé avec délicatesse et sans avoir l'air de le chercher, à la reine vierge, à sa cour et à son gouvernement. Tel fut l'entretien pendant le reste de la promenade, et il fut varié par la gaieté des jeunes courtisans, orné par les remarques de quelques savans sur les auteurs anciens et modernes, et enrichi des maximes de pofonde prolitique et de saine morale par les hommes d'état qui faisaient entendre le langage de la sagesse au milieu des propos plus légers de la galanterie.

En retournant au palais, Élisabeth accepta, ou pour mieux dire choisit le bras de Leicester pour se rendre du grand escalier donnant sur la Tamise jusqu'à la porte du palais. Il crut même sentir, quoique ce ne fût peut-être qu'une illusion flatteuse de son imagination, que, pendant ce court trajet, elle s'appuyait sur lui plus qu'elle n'aurait eu besoin de le faire. Certainement, les actions et les discours d'Élisabeth s'étaient accordés, pendant toute la matinée, pour lui indiquer qu'il était arrivé à un degré de faveur auquel il n'était pas encore parvenu jusqu'alors. La reine, il est vrai, adressa souvent la parole à son rival avec bonté ; mais ce qu'elle lui disait semblait moins lui être inspiré par son cœur que lui être arraché par le mérite qu'elle ne pouvait s'empêcher de reconnaître en lui. Enfin tout ce qu'elle lui dit de flatteur fut contre-balancé dans l'opinion des courtisans les plus déliés par un mot qu'elle avait dit à l'oreille de lady Derby, que la maladie était plus habile alchimiste qu'elle ne le supposait, puisqu'elle avait changé en or le nez de cuivre du comte de Sussex.

Cette plaisanterie transpira, et le comte de Leicester, jouissant de son triomphe en homme dont le premier, l'unique mobile avait été de s'assurer la faveur de sa souveraine, oublia, dans l'ivresse du moment, l'embarras et le danger de sa situation. Quelque étrange qu'on puisse le trouver, il pensait moins alors aux périls auxquels son mariage secret l'exposait qu'aux marques de bonté qu'Élisabeth accordait de temps en temps au jeune Raleigh. Elles étaient passagères, momentanées, mais elles tombaient sur un jeune homme qui aurait pu servir de modèle à un sculpteur, dont l'esprit avait été soigneusement cultivé, et qui joignait à la valeur les graces et la galanterie.

Les courtisans qui avaient accompagné la reine à la promenade furent invités à un splendide banquet. Il est vrai que le festin ne fut pas honoré de la présence de la souveraine ; Élisabeth pensait que sa modestie et sa dignité ne lui permettaient pas d'y paraître ; et son usage, en pareil cas, était de prendre en particulier un repas léger et frugal avec une ou deux de ses favorites. Après le dîner toute la cour se réunit de nouveau dans les superbes jardins du palais, et ce fut en s'y promenant que la reine demanda tout à coup à une dame qui était près d'elle ce qu'était devenu le jeune chevalier du manteau.

Lady Paget répondit qu'elle avait vu M. Raleigh, il n'y avait que quelques minutes, debout devant la fenêtre d'un pavillon donnant sur la Tamise, et écrivant quelque chose sur une vitre avec la pointe d'un diamant enchâssé dans une bague.

— C'est moi qui la lui ai donnée, dit la reine, comme une indemnité de la perte de son manteau. Mais allons de ce côté, Paget; je suis curieuse de voir ce qu'il a écrit. Je commence déjà à le connaître; il a l'esprit merveilleusement subtil.

Elles se rendirent au pavillon. Le jeune homme en était encore à quelque distance, comme l'oiseleur qui veille sur le filet qu'il a tendu. La reine s'approcha de la fenêtre, sur une vitre de laquelle Raleigh s'était servi du présent qu'il avait reçu d'elle pour écrire le vers suivant :

<small>Je voudrais bien monter, mais la chute est à craindre.</small>

La reine sourit, et lut ce vers une première fois tout haut à lady Paget, et une seconde tout bas pour elle-même. — C'est un fort bon commencement, dit-elle après une minute ou deux de réflexion; mais on dirait que sa muse a abandonné le jeune bel esprit dès le premier pas dans sa carrière. Ce serait un acte de charité que d'achever le distique; ne le pensez-vous pas, lady Paget? Donnez une preuve de vos talens poétiques.

Lady Paget, prosaïque, depuis son berceau, comme l'a jamais été la dame d'honneur d'une reine, se déclara dans l'impossibilité absolue d'aider le jeune poète.

— Il faudra donc que je sacrifie moi-même aux muses, dit Élisabeth.

— Nul encens ne peut leur être plus agréable, dit lady Paget, et ce sera faire trop d'honneur aux divinités du Parnasse, que de...

— Paix! Paget, dit la reine, paix! vous commettez un sacrilège contre les neuf immortelles. Vierges elles-mêmes, elles devraient être favorables à une reine vierge, et c'est pourquoi... mais relisons son vers :

<blockquote>Je voudrais bien monter, mais la chute est à craindre.</blockquote>

Ne pourrait-on pas lui faire cette réponse, faute de meilleure :

<blockquote>Si tu crains, reste à terre et cesse de te plaindre.</blockquote>

La dame d'honneur poussa une exclamation de joie et de surprise en entendant une rime si heureuse, et certainement on en a applaudi de plus mauvaises, quoique leurs auteurs fussent d'un rang moins distingué.

Encouragée par le suffrage de lady Paget, la reine prit une bague de diamant, et disant : — Notre jeune poète sera bien surpris quand il trouvera son distique achevé sans qu'il s'en soit mêlé; elle écrivit le second vers au-dessous du premier (1).

La reine quitta le pavillon; mais en se retirant à pas lents, elle tourna plusieurs fois la tête en arrière, et vit le jeune Walter courir avec le vol d'un vanneau vers le lieu qu'elle venait de quitter. — Ma traînée de poudre a pris feu, dit-elle alors, c'est tout ce que je voulais voir.

(1) Sujet de la vignette du titre de ce volume.

Et riant de cet incident avec lady Paget, elle regagna le palais en lui recommandant de ne parler à personne de l'aide qu'elle avait accordée au jeune poète. La dame d'honneur lui promit un secret inviolable; mais on doit supposer qu'elle fit une réserve mentale en faveur de Leicester, à qui elle conta sans délai une anecdote si peu propre à lui faire plaisir.

Cependant Raleigh, s'étant approché de la fenêtre, lut avec un transport qui approchait de l'ivresse l'encouragement que la reine venait de donner elle-même à son ambition; et, le cœur plein de joie et d'espérance, il alla rejoindre le comte de Sussex, sur le point de s'embarquer avec sa suite.

Le respect dû à la personne du comte empêcha qu'on s'entretînt de l'accueil qu'il avait reçu à la cour avant qu'on fût arrivé à Say's-Court; et alors Sussex, épuisé, tant par la maladie que par les fatigues de cette journée, se retira dans sa chambre, et demanda à voir Wayland, qui l'avait traité avec tant de succès : mais Wayland ne se trouvait nulle part; et, tandis que quelques officiers du comte le cherchaient de tous côtés avec cette impatience qui caractérise les militaires, et en maudissant son absence, les autres se groupèrent autour de Raleigh pour le féliciter sur la perspective brillante qui s'ouvrait devant lui.

Il eut pourtant assez de discrétion et de jugement pour ne point parler de la circonstance décisive du vers qu'Élisabeth avait daigné ajouter au sien; mais d'autres circonstances avaient transpiré, et elles annonçaient clairement qu'il avait fait quelque progrès dans la faveur de la reine. Tous s'empressèrent de le complimenter sur la tournure avantageuse que prenait sa fortune,

9.

les uns par intérêt véritable, les autres dans l'espoir que son avancement pourrait accélérer le leur, la plupart par un mélange de ces deux sentimens, et tous parce qu'une faveur accordée à un officier de la maison du comte de Sussex était un triomphe pour son parti. Raleigh les remercia tous de l'affection qu'ils lui témoignaient, ajoutant, avec une modestie convenable, que le bon accueil d'un jour ne faisait pas plus un favori qu'une seule hirondelle ne faisait le printemps. Mais il remarqua que Blount ne joignait pas ses félicitations à celles de ses autres camarades, et, s'en trouvant un peu blessé, il lui en demanda franchement la raison.

— Mon cher Walter, lui répondit Blount avec la même franchise, je te veux autant de bien qu'aucun de ces bavards empressés qui t'étourdissent de complimens parce qu'un bon vent semble vouloir te pousser ; mais je crains pour toi ; je crains pour toi, répéta-t-il en portant la main sur ses yeux. Ces intrigues de cour, ces jeux frivoles, ces éclairs de la faveur des dames, réduisent souvent les plus brillantes fortunes à rien, et conduisent de beaux garçons et de beaux esprits au fatal billot.

A ces mots, il sortit de l'appartement, tandis que Raleigh le suivait des yeux avec une expression de physionomie qui annonçait que cet avis n'était pas perdu.

Stanley entra en ce moment, et dit à Tressilian : — Milord demande Wayland à chaque instant, et Wayland vient enfin d'arriver ; mais il ne veut pas voir le comte avant de vous avoir parlé. On dirait qu'il a l'esprit égaré ; voudriez-vous bien le voir sur-le-champ ?

Tressilian sortit à l'instant même, et, ayant fait venir Wayland dans un autre appartement, il fut surpris de lui trouver la figure toute décomposée.

— Qu'avez-vous donc? lui demanda-t-il; avez-vous vu le diable?

— Pire, monsieur! cent fois pire! J'ai vu un basilic; grace à Dieu, je l'ai vu le premier, et l'ayant vu sans qu'il me vît, il m'en fera moins de mal.

— Au nom du ciel, expliquez-vous; je ne vous comprends pas.

— J'ai vu mon ancien maître. Ce soir, un nouvel ami que j'ai fait m'a mené à l'horloge du palais, jugeant que je serais curieux d'examiner un pareil ouvrage, et à la fenêtre d'une tourelle voisine de l'horloge j'ai reconnu le vieux docteur.

— Mais êtes-vous bien sûr de ne pas vous être trompé?

— M'être trompé! non, non! Celui qui a une fois ses traits dans la tête le reconnaîtrait parmi un million d'hommes. Il portait un costume singulier; mais il ne peut se déguiser à mes yeux aussi bien, Dieu merci! que je puis me déguiser aux siens. Cependant, je ne tenterai pas la Providence en restant à sa portée; Tarleton le comédien ne pourrait lui-même se déguiser assez bien pour être sûr que Doboobie ne le reconnaîtrait pas tôt ou tard. Il faut que je parte demain matin. D'après la manière dont nous nous sommes quittés, je serais un homme mort si je respirais le même air que lui.

— Mais le comte de Sussex...

— Il ne court plus aucun danger, pourvu que, pendant un certain temps, il continue à prendre tous les matins, à jeun, gros comme une fève d'orviétan; mais qu'il prenne garde à une rechute!

— Et comment s'en garantir?

— Par les mêmes précautions qu'on emploierait contre le diable en personne. Qu'il ne mange que des viandes tuées et apprêtées par son propre cuisinier, et que celui-ci n'achète ses épices que chez des personnes connues et sûres. Que le maître d'hôtel place lui-même tous les plats sur la table, et que le surintendant de la maison de milord fasse faire l'essai de tous les mets par le cuisinier quand il les a préparés, et par le maître d'hôtel quand il les a servis. Que le comte ne se serve ni de parfums, ni d'onguens, ni de pommades; qu'il ne boive ni ne mange avec des étrangers. Surtout qu'il redouble de précautions s'il va à Kenilworth. Qu'il fasse valoir sa maladie et l'ordonnance de son médecin pour excuser la singularité de son régime.

— Et vous-même, Wayland, que comptez-vous faire?

— Je n'en sais rien: me retirer dans une autre province d'Angleterre; passer en France, en Espagne, aux Indes: tout me conviendra, pourvu que je m'éloigne de Doboobie, de Démétrius, de ce misérable enfin, n'importe quel nom il lui ait plu de prendre aujourd'hui.

— Eh bien! cela n'arrive pas trop mal à propos; j'ai une mission à vous donner dans le comté de Berks, mais dans un autre canton que celui où vous êtes connu; et, avant que vous eussiez cette raison pour partir d'ici, j'avais déjà formé le projet de vous y envoyer en secret.

Wayland lui déclara qu'il était prêt à recevoir ses ordres, et Tressilian, sachant qu'il connaissait en partie l'affaire qui l'avait amené à la cour, la lui expliqua entièrement, lui fit part de ce qui avait été convenu entre Giles Gosling et lui, et lui dit ce qui avait été avancé le matin à l'audience par Varney et confirmé par Leicester.

— Vous voyez, ajouta-t-il, que, dans les circonstances où je me trouve, il est important que je surveille de près les mouvemens de ces hommes sans principes, Varney et ses complices, Foster et Lambourne, ou même ceux du comte de Leicester, que je soupçonne d'être plutôt trompeur que trompé dans cette affaire. Voici une bague que vous remettrez à Giles Gosling pour preuve que vous vous présentez à lui de ma part, et voici de l'or qui sera triplé si vous me servez fidèlement. Ainsi donc partez pour Cumnor, et voyez ce qui s'y passe.

— Je le ferai avec un double plaisir, répondit Wayland ; d'abord parce que je servirai Votre Honneur, qui a eu tant de bontés pour moi, et ensuite parce que je m'éloignerai de mon vieux maître, qui, s'il n'est pas précisément un diable incarné, réunit en lui toutes les qualités diaboliques qui aient jamais déshonoré l'humanité. Cependant qu'il prenne garde à moi : je cherche à l'éviter ; mais, s'il me poursuit jamais, je me retournerai contre lui avec la fureur des taureaux sauvages d'Écosse. Je vais partir sur-le-champ. Votre Honneur veut-il bien donner ordre qu'on selle mon cheval ? Je vais remettre à milord de l'orviétan divisé en doses convenables, lui donner quelques avis ; après quoi sa sûreté dépendra des soins de ses amis et de ses domestiques. Il n'a plus rien à craindre du passé ; mais qu'il prenne garde à l'avenir !

En quittant Tressilian, Wayland alla faire sa dernière visite au comte de Sussex, lui donna des instructions sur le régime qu'il devait suivre et sur les précautions qu'il devait prendre, et partit de Say's-Court sans attendre le lendemain matin.

CHAPITRE XVIII.

> « Le moment est venu.
> » Prends la plume à l'instant, et, d'une main hardie,
> » Trace le grand total des comptes de la vie.
> » Les constellations qui protègent tes jours
> » Ont enfin triomphé, triompheront toujours.
> » Dans leur conjonction les astres favorables
> » Vont répandre sur toi des faveurs innombrables ;
> » C'est leur voix qui te dit : Le moment est venu. »
>
> *Wallenstein de* Schiller, traduit par Coleridge.

Quand Leicester eut regagné sa demeure, après une journée si importante et à la fois si pénible, dans laquelle sa barque, après avoir lutté contre plus d'un vent contraire et touché sur plus d'un écueil, était néanmoins entrée dans le port, pavillon déployé, il parut éprouver autant de fatigue qu'un matelot après une tempête dangereuse. Il ne proféra pas une parole pendant que son chambellan (1) remplaçait son riche manteau de cour par une robe de chambre garnie de fourrures; et quand cet officier lui annonça que Varney demandait à parler à Sa Seigneurie, il ne lui répondit qu'en secouant la tête d'un air de mauvaise humeur. Varney entra cependant, prenant ce signe pour une permission tacite, et le chambellan se retira.

Le comte demeura sur son siège en silence et sans faire aucun mouvement, la tête appuyée sur sa main et le coude fixé sur la table qu'il avait à côté de lui, sans paraître s'apercevoir de la présence de son confident. Varney attendit quelques instans qu'il commençât la conversation. Il voulait savoir dans quelle disposition d'esprit se trouvait un homme qui, dans le même jour, avait éprouvé coup sur coup tant de vives émotions. Mais il attendit en vain; Leicester continua de garder le silence, et le confident se vit obligé de parler le premier.

— Puis je féliciter Votre Seigneurie, dit-il, du juste triomphe que vous avez obtenu aujourd'hui sur votre plus redoutable rival?

Leicester leva la tête, et répondit tristement, mais sans colère : — Toi, Varney, dont l'esprit intrigant m'a enveloppé dans ce dangereux tissu de lâches mensonges, tu sais mieux que moi quelles raisons je dois avoir de me féliciter.

— Me blâmez-vous, milord, dit Varney, de ne point avoir trahi, à la première difficulté, le secret dont dé-

---

(1) On appelait alors *chambellan*, *chamberlain*, le valet de chambre. En Écosse, le même titre signifiait l'intendant du seigneur, du lord. — Éd.

pend votre fortune, et que vous avez tant de fois et avec tant d'instances recommandé à ma discrétion? Votre Seigneurie était présente, vous pouviez me contredire et vous perdre en avouant la vérité. Mais certes il ne convenait pas à un fidèle serviteur de la déclarer sans vos ordres.

— Je ne puis le nier, Varney, dit le comte, qui se leva et traversa la chambre à grands pas; c'est mon ambition qui a trahi mon amour.

— Dites plutôt, milord, que votre amour a trahi votre élévation, et vous a ravi une perspective de puissance et d'honneur telle que le monde n'en peut offrir à nul autre que vous. Pour avoir fait comtesse mon honorable maîtresse, vous avez perdu la chance d'être vous-même....

Il s'arrêta, et il semblait répugner à finir sa phrase.

— D'être moi-même, *quoi?* demanda Leicester. Parle clairement, Varney.

— D'être vous-même un ROI, répliqua Varney, et roi d'Angleterre, qui plus est. Ce n'est point trahir la reine que de parler ainsi. Cela serait arrivé si elle eût voulu, comme tous ses fidèles sujets le désirent, se choisir un époux noble, brave et bien fait.

— Tu es fou, Varney, répondit Leicester: d'ailleurs, n'en avons-nous pas vu assez dans notre temps pour faire détester aux hommes la couronne qu'ils reçoivent de leur femme? On a vu Darnley en Écosse.

— Lui! dit Varney, un sot, un imbécile, un âne trois fois bâté, qui se laissa paisiblement lancer en l'air comme une fusée tirée un jour de fête. Si Marie avait eu le bonheur d'épouser le noble comte jadis destiné à partager son trône, elle aurait eu affaire à un mari d'une autre trempe, et il eût trouvé en elle une femme aussi docile et aussi affectionnée que la tendre moitié du moindre hobereau qui suit à cheval la meute de son mari et lui tient la bride pendant qu'il met le pied à l'étrier.

— Varney! ce que tu dis aurait pu fort bien être, répliqua Leicester, et un léger sourire d'amour-propre satisfait éclaircit son air soucieux. Henry Darnley connaissait peu les femmes. Avec Marie, un homme qui eût eu quelque connaissance de ce sexe aurait pu facilement maintenir le rang du sien. Il n'en est pas de même d'Élisabeth, Varney : je pense que Dieu, en lui donnant un cœur de femme, lui a donné une tête d'homme pour en réprimer les folies. Non, je la connais; elle acceptera des gages d'amour, et en donnera elle-même : elle met des sonnets mielleux dans son sein, bien plus, elle y répond, et pousse la galanterie jusqu'au terme où elle va devenir un échange de tendresse; mais elle met *nil ultrà* à tout ce qui doit suivre, et ne troquerait pas le moindre *iota* de son pouvoir suprême pour tout l'alphabet de l'amour et de l'hymen.

— Tant mieux pour vous, milord, dit Varney; tant mieux pour vous, c'est-à-dire dans la supposition que vous venez de la dépeindre telle qu'elle est, puisque vous pensez ne pouvoir plus aspirer à devenir son époux. Vous êtes son favori, et vous pouvez l'être tant que la dame de Cumnor-Place restera dans l'obscurité qui la dérobe à tous les yeux.

— Pauvre Amy! dit Leicester avec un profond soupir, elle désire si ardemment être reconnue devant Dieu et devant les hommes!

— Oui, milord; mais son désir est-il raisonnable?

Voilà la question. Ses scrupules religieux sont satisfaits. Elle est épouse légitime, honorée, chérie; elle jouit de la société de son mari toutes les fois qu'il peut se dérober à ses devoirs indispensables : que peut-elle désirer de plus? Je suis parfaitement convaincu qu'une dame si douce et si aimante consentirait à passer toute sa vie dans l'obscurité où elle languit maintenant (obscurité qui, après tout, n'est pas plus triste que celle où elle vivait dans le château de Lidcote), plutôt que de porter la moindre atteinte aux honneurs et à la grandeur de son époux, en voulant les partager prématurément.

— Il y a quelque raison dans ce que tu dis, Varney, et tout serait perdu si elle paraissait ici. Cependant, il faut qu'on la voie à Kenilworth; Élisabeth n'oubliera pas les ordres qu'elle a donnés à ce sujet.

— Permettez-moi de dormir sur cette difficulté, milord; je ne puis sans cela mettre la dernière main à un projet dont je m'occupe maintenant : ce projet, j'espère, satisfera la reine, plaira à ma maîtresse, et laissera cependant ce fatal secret enseveli où il est maintenant. Votre Seigneurie a-t-elle d'autres ordres à me donner ce soir?

— Je désire être seul, répondit Leicester; laissez-moi. Mettez sur ma table ma cassette d'acier, et restez à portée de m'entendre si j'appelle.

Varney se retira, et le comte, ouvrant la fenêtre de son appartement, passa assez long-temps à regarder fixement la brillante armée des étoiles qui ornaient une des plus belles nuits de l'été, et il laissa échapper ces mots presque à son insu :

— Jamais je n'eus un plus grand besoin de l'assistance

des constellations du ciel, car mon chemin sur la terre est obscur et embarrassé.

On sait que ce siècle avait une grande confiance dans les vaines prédictions de l'astrologie judiciaire ; et Leicester, quoique généralement exempt de toute autre superstition, n'était pas, sous ce rapport, supérieur à son siècle ; au contraire, on remarquait les encouragemens donnés par lui aux professeurs de cette prétendue science. En effet, le désir de connaître l'avenir, désir si général chez les hommes de tous les pays, se trouve surtout dans toute sa force parmi ceux qui s'occupent des mystères d'état, et qui passent leur vie au milieu des intrigues et des cabales des cours.

Après avoir bien examiné si sa cassette d'acier n'avait point été ouverte, ou si personne n'avait essayé d'en forcer la serrure, Leicester y introduisit la clef. Il en tira d'abord une certaine quantité de pièces d'or qu'il mit dans une bourse de soie, ensuite un parchemin sur lequel étaient tracés les signes planétaires avec les lignes et les calculs d'usage pour tirer un horoscope. Après les avoir regardés attentivement pendant quelque temps, il prit dans sa cassette une grosse clef, puis, soulevant la tapisserie, l'appliqua à une petite porte cachée dans un coin de la chambre, et qui ouvrait sur un escalier pratiqué dans l'épaisseur du mur.

— Alasco ! dit le comte en élevant la voix, mais de manière à n'être entendu que de l'habitant de la petite tour à laquelle conduisait l'escalier,—Alasco ! répéta-t-il, descends.

— Je viens, milord, répondit une voix. Le pas lent d'un vieillard se fit entendre le long de l'escalier tortueux, et Alasco parut dans l'appartement du comte.

L'astrologue était un homme d'une petite taille; il paraissait très-avancé en âge; sa barbe blanche descendait sur son manteau noir jusqu'à sa ceinture de soie. Ses cheveux étaient de la même couleur. Mais ses sourcils étaient aussi noirs que les yeux vifs et perçans qu'ils ombrageaient, et cette singularité donnait à la physionomie du vieillard un air bizarre. Son teint était encore frais, ses joues colorées; et ses yeux, dont nous avons parlé, ressemblaient à ceux d'un rat, par leur expression maligne et farouche. Ses manières ne manquaient pas d'une espèce de dignité, et l'interprète des astres, quoique respectueux, semblait cependant être parfaitement à son aise; il prenait même un ton d'autorité en conversant avec le premier favori d'Élisabeth.

— Vous vous êtes trompé dans vos pronostics, Alasco, dit le comte après lui avoir rendu son salut; il est convalescent.

— Mon fils, répondit l'astrologue, permettez-moi de vous rappeler que je n'ai point garanti sa mort. On ne peut tirer des corps célestes, de leur forme et de leurs conjonctions, aucun pronostic qui ne dépende encore de la volonté du ciel.

Astra regunt homines, sed regit astra Deus (1).

— Et quelle est donc l'utilité de votre science? demanda le comte.

— Elle est grande, mon fils, répliqua le vieillard,

(1) Les astres gouvernent les hommes; mais Dieu gouverne les astres. — Tr.

puisqu'elle peut dévoiler le cours naturel et probable des événemens, quoique ce cours soit subordonné à un pouvoir supérieur. Ainsi en examinant l'horoscope que Votre Seigneurie a soumis à mon art, vous observerez que Saturne étant dans la sixième maison en opposition à Mars, rétrograde dans la maison de la vie : on ne peut s'empêcher d'y voir une maladie longue et dangereuse dont l'issue est entre les mains de la Providence, quoique la mort en soit le résultat probable. Cependant, si je savais le nom de la personne en question, je tirerais un autre horoscope.

— Son nom est un secret, dit le comte; cependant je suis forcé d'avouer que la prédiction n'a pas été entièrement fausse. Il a été malade, dangereusement malade, mais non jusqu'à en mourir. As-tu de nouveau tiré mon horoscope comme Varney te l'a ordonné? Es-tu prêt à me découvrir ce que les astres prédisent de ma fortune future?

— Mon art est tout entier à vos ordres, dit le vieillard; et voilà, mon fils, la carte de votre fortune, aussi brillante que peuvent la rendre les célestes clartés qui répandent leur influence sur notre vie : toutefois la vôtre ne sera pas entièrement exempte de crainte, de difficultés et de dangers.

— S'il en était autrement, mon partage ne serait pas celui d'un mortel. Continuez, et soyez persuadé que vous parlez à un homme préparé à tout ce que les destins lui réservent, et déterminé à agir ou à souffrir comme il convient à un noble d'Angleterre.

— Ton courage pour l'une ou pour l'autre épreuve doit s'élever encore plus haut, répondit le vieillard. Les étoiles semblent annoncer un titre plus superbe, un rang encore plus élevé : c'est à toi de deviner le sens de cette prédiction, et non à moi de le découvrir.

— Dites-le-moi, je vous en conjure, je vous le commande, dit Leicester; et ses yeux étincelaient d'une curiosité inquiète.

— Je ne le puis pas, et je ne le veux pas, répliqua le vieillard. Le courroux des princes est comme la colère du lion : mais fais attention, et juge par toi-même. Ici Vénus, montant dans la maison de vie et conjointe avec le soleil, répand ces flots de lumière où l'éclat de l'or se mêle à celui de l'argent; présage assuré de pouvoir, de richesse, de dignité, de tout ce qui flatte l'ambition humaine. Jamais César, dans l'ancienne et puissante Rome, n'entendit sortir de la bouche de ses aruspices la prédiction d'un avenir de gloire tel que celui que ma science pourrait révéler à mon fils favori, d'après un texte si riche.

— Tu te railles de moi, vieillard, dit le comte étonné de l'enthousiasme que l'astrologue venait de mettre dans sa prédiction.

— Convient-il de plaisanter à celui qui a l'œil fixé sur le ciel, et le pied sur la tombe? répliqua le vieillard d'un ton solennel.

Le comte fit deux ou trois pas dans son appartement, les bras étendus, paraissant obéir aux signes de quelque fantôme qui l'excitait à de hautes entreprises. Cependant en se retournant il surprit l'œil de l'astrologue attaché sur lui; il y avait une malicieuse pénétration dans le regard observateur qui s'échappait à travers ses noirs sourcils. L'ame altière et soupçonneuse de Leicester prit feu tout d'un coup; il s'élança sur le vieillard de l'extrémité du vaste appartement, et ne s'arrêta que lorsque, de sa main étendue, il atteignit presque le corps de l'astrologue.

— Misérable, dit-il, si tu oses te jouer de moi, je te ferai écorcher vif! Avoue que tu es payé pour m'abuser et me trahir; avoue que tu es un fourbe, et que je suis ta dupe et ta victime!

Le vieillard manifesta quelques symptômes d'émotion, mais pas plus que n'en eût arraché à l'innocence elle-même la fureur qui s'était emparée du comte.

— Que signifie cette violence, milord? répondit-il; comment puis-je l'avoir méritée de votre part?

— Prouve-moi, s'écria le comte avec emportement, prouve-moi que tu n'agis point de concert avec mes ennemis.

— Monseigneur, reprit le vieillard avec dignité, vous ne pouvez avoir une meilleure preuve que celle que vous avez vous-même choisie. Je viens de passer vingt-quatre heures enfermé dans cette tourelle; la clef en est restée en votre pouvoir; j'ai employé les heures de la nuit à comtempler les corps célestes avec ces yeux presque éteints, et pendant le jour j'ai fatigué ma tête blanchie par l'âge à compléter les calculs qui résultent de leur combinaison. Je n'ai point goûté de nourriture terrestre, je n'ai point entendu de voix humaine. Vous savez vous-même que c'était pour moi chose impossible. Et cependant je vous déclare, moi qui viens de passer vingt-quatre heures dans la solitude et dans la méditation, je vous déclare que pendant ce temps-là votre étoile est devenue prédominante sur l'horizon : ou le livre brillant des cieux a menti, ou une heureuse révolution s'est opérée aujourd'hui dans votre fortune. S'il n'est rien arrivé dans cet intervalle qui consolide votre pouvoir, ou qui accroisse la faveur dont vous jouissez, alors je suis vraiment un fourbe, et l'art divin inventé dans les plaines de la Chaldée n'est qu'une grossière imposture.

— Il est vrai, dit Leicester, que tu étais étroitement renfermé. Il est vrai aussi que le changement que tu dis t'avoir été révélé par les astres s'est opéré dans la situation de mes affaires.

— Pourquoi donc ces soupçons, mon fils? dit l'astrologue prenant un ton d'admonition; les intelligences célestes ne souffrent pas cette défiance, même chez leurs favoris.

— Paix! mon père, répondit Leicester; je me suis trompé. Jamais, par condescendance ou pour s'excuser, les lèvres de Dudley n'en diront davantage, ni aux hommes mortels ni aux intelligences célestes; je n'excepte que le pouvoir suprême devant lequel tout se prosterne. Mais revenons au sujet qui nous occupait. Parmi ces brillantes promesses, tu as dit qu'il y avait un astre menaçant. Ton art peut-il m'instruire d'où viendra le danger, et qui en sera l'instrument?

— Voici tout ce que mon art me permet de répondre à votre question, reprit l'astrologue. L'aspect fâcheux des astres annonce ce malheur comme l'ouvrage d'un jeune homme... un rival, je pense; mais je ne sais si ce sera un rival en amour ou dans la faveur royale; et la seule particularité que je puisse ajouter, c'est qu'il vient de l'occident.

— L'occident! Ah! s'écria Leicester, c'en est assez; c'est bien de ce côté que la tempête se forme. Les comtés de Cornouailles et de Devon... Raleigh et Tressilian... l'un des deux m'est indiqué; je dois me méfier de l'un et de l'autre. Mon père, si j'ai fait injure à ton savoir, au moins vais-je te récompenser noblement.

Il prit une bourse pleine d'or dans la cassette qui était devant lui : — Voilà le double du salaire que Varney t'a promis. Sois fidèle, sois discret, obéis aux instructions de mon écuyer, et ne regrette pas quelques instans de retraite ou de gêne. On t'en tiendra compte généreusement. Holà! Varney, conduis ce vieillard vénérable dans son appartement, fais-le servir avec le plus grand soin, mais qu'il n'ait de communication avec qui que ce soit.

Varney s'inclina, l'astrologue baisa la main du comte en signe d'adieu, et suivit l'écuyer dans une autre chambre où il trouva du vin et des rafraîchissemens qu'on lui avait préparés.

L'astrologue s'assit pour prendre son repas ; pendant ce temps Varney ferma deux portes avec précaution, examina la tapisserie pour s'assurer qu'il n'y avait personne aux écoutes, et revenant s'asseoir en face du sage, il commença à le questionner.

— Avez-vous aperçu le signal que je vous ai fait d'en bas?

— Oui, dit Alasco, car tel était le nom qu'il se donnait alors ; et j'ai composé mon horoscope en conséquence.

—Et il a été adopté sans difficulté? continua Varney.

— Non pas sans difficulté, dit le vieillard ; mais il a été adopté enfin, et j'ai parlé, de plus, comme nous en étions convenus, d'un danger résultant d'un secret dévoilé, et d'un jeune homme venu de l'occident.

— Les craintes de milord et sa conscience nous garantissent qu'il croira l'une et l'autre de ces prédictions, répliqua Varney ; certes, jamais homme lancé dans la carrière où il court ne conserva ces sots scrupules ! je suis obligé de le tromper pour son propre avantage. Mais parlons de vos affaires, sage interprète des astres ; je puis vous apprendre votre propre destinée, mieux que tous les pronostics possibles : il faut que vous partiez d'ici sur-le-champ.

— Je ne le veux pas, dit Alasco avec humeur ; j'ai été récemment trop agité en tous sens, enfermé jour et nuit dans l'horrible réduit d'une tourelle, je veux jouir de ma liberté et poursuivre mes études, qui sont de plus d'importance que les destinées de cinquante hommes d'état ou courtisans, qui s'élèvent et crèvent souvent comme des bulles de savon dans l'atmosphère d'une cour.

— Comme vous voudrez, dit Varney avec un rire sardonique rendu familier à ses traits par une longue habitude, et qui forme le caractère saillant donné par les peintres à la physionomie de Satan ; comme vous voudrez ; vous pouvez jouir de votre liberté, et continuer vos études jusqu'à ce que les dagues des gens de Sussex se heurtent contre vos côtes à travers votre manteau.

Le vieillard pâlit, et Varney continua : — Ignorez-vous qu'il a été offert une récompense pour l'arrestation du méchant charlatan et vendeur de poisons, Démétrius, qui a donné au cuisinier de Sa Seigneurie certaines épiceries précieuses ? Quoi ! vous pâlissez, mon vieil ami : est-ce que Hali voit quelque malheur dans la maison de vie ? Écoute, nous t'enverrons dans une vieille maison de campagne qui m'appartient ; tu y vivras avec un bon rustre, et tu le changeras en ducats avec le secours de ton alchimie, car c'est là, je crois, tout ce que ta science peut faire.

— Tu mens, railleur insolent et grossier, dit Alasco frémissant d'une colère impuissante; tout le monde sait que j'ai approché de la projection plus qu'aucun autre artiste vivant. Il n'y a pas six chimistes dans le monde qui soient parvenus à une approximation aussi exacte du grand arcanum.

— Allons, allons, dit Varney en l'interrompant, que veut dire ceci, au nom du ciel? Ne nous connaissons-nous pas l'un l'autre? Je te crois si avancé, si parfait dans tous les mystères de la fourberie, qu'après en avoir imposé à tout le genre humain, tu t'en es à la fin imposé à toi-même, et sans cesser de duper les autres, tu es devenu en quelque sorte la dupe de ton imagination. Ne sois pas honteux : tu es érudit; voici une consolation classique,

Ne quisquam Ajacem possit superare nisi Ajax (1).

Toi seul tu pouvais te tromper toi-même, et tu as de plus dupé toute la confrérie des Rose-Croix; personne n'est allé plus avant dans le grand mystère; mais écoute bien ce que je vais te dire : si l'assaisonnement du bouillon de Sussex avait eu un effet plus sûr, j'aurais meilleure opinion de cette chimie que tu vantes si fort.

— Tu es un scélérat endurci; bien des gens qui osent commettre de semblables actions n'osent pas en parler.

— Et bien des gens en parlent, sans oser les commettre. Mais ne te fâche pas. Je ne veux point te chercher querelle, car si je le faisais je serais réduit à vivre

(1) Et qui peut vaincre Ajax, sinon Ajax lui-même?

ÉD.

d'œufs pendant un mois, pour pouvoir manger sans crainte. Dis-moi donc sans retard comment ton art s'est trouvé en défaut dans une circonstance aussi importante.

— L'horoscope du comte de Sussex annonce, répondit l'astrologue, que le signe de l'ascendant étant en combustion...

— Finis donc ce bavardage, s'écria Varney : crois-tu avoir affaire à milord ?

— Pardon : je vous jure que je ne connais qu'un seul remède capable d'avoir sauvé la vie au comte; et, comme nul homme vivant en Angleterre ne connaît cet antidote excepté moi, et que d'ailleurs les ingrédiens nécessaires, et surtout l'un d'eux, sont tellement rares, qu'il est presque impossible de s'en procurer, je dois croire qu'il n'a été sauvé que par une organisation des poumons et des parties vitales, telle que jamais corps humain n'en a été doué.

— On a parlé d'un charlatan qui l'a soigné, dit Varney après un moment de réflexion. Êtes-vous sûr que nulle autre personne en Angleterre ne possède ce précieux secret ?

— Il y avait un homme qui fut jadis mon domestique et qui aurait pu me dérober ce secret de mon art, ainsi que deux ou trois autres. Mais vous devez bien penser, M. Varney, que ma politique ne souffre pas que des intrus se mêlent de mon métier. L'homme en question n'a plus envie de courir après des secrets, je vous assure; car je crois fermement qu'il a été enlevé au ciel sur les ailes d'un dragon de feu... La paix soit avec lui! Mais, dans la retraite où je vais être confiné, aurai-je l'usage de mon laboratoire ?

— De tout un atelier, car un révérend père abbé,

qui fut obligé de faire place au gros roi Henry et à ses courtisans (1), il y a une vingtaine d'années, avait un appareil complet de chimiste, qu'il fut forcé de laisser à ses successeurs. Là tu pourras fondre, souffler, allumer, et multiplier jusqu'à ce que le dragon vert devienne une oie d'or, ou comme il plaira à la confrérie de s'exprimer.

— Vous avez raison, M. Varney, dit l'alchimiste en grinçant des dents, vous avez raison, dans votre mépris même de tout ce qui est juste et raisonnable; car ce que vous dites par moquerie peut se réaliser avant que nous nous rencontrions de nouveau. Si les sages les plus vénérables des temps passés ont dit la vérité; si les plus savans de nos jours l'ont reçue dans sa pureté; si j'ai été accueilli partout, en Allemagne, en Pologne, en Italie et dans le fond de la Tartarie, comme un homme à qui la nature a dévoilé ses mystères les plus impénétrables; si j'ai acquis les signes les plus secrets et les mots de passe de toute la cabale juive à un tel degré de perfection que la barbe la plus vénérable de la synagogue balaierait les marches du temple pour les rendre dignes de mes pieds; s'il n'y a plus qu'un pas entre mes longues et profondes études et cette lumière qui me découvrira la nature veillant sur le berceau de ses productions les plus riches et les plus glorieuses; si un seul pas reste entre ma dépendance et le pouvoir suprême, entre ma pauvreté et un trésor si immense que, sans ce noble secret, il faudrait réunir pour l'égaler les mines de l'ancien et du nouveau monde... dites-moi, je vous prie, n'ai-je pas raison de consacrer ma

(1) Henry VIII, qui supprima les moines et s'empara de leurs biens. — ÉD.

vie à cette recherche ; convaincu que, dans un court espace de temps patiemment employé à l'étude, je m'élèverai au-dessus des favoris et de leurs favoris, dont je suis aujourd'hui l'esclave?

— Bravo ! bravo ! mon bon père, dit Varney avec l'expression ordinaire de sa causticité et de son rire sardonique ; mais toute cette approximation de la pierre philosophale ne tirera pas un seul écu de la bourse de milord Leicester, et encore moins de celle de Richard Varney. Il nous faut des services terrestres et visibles ; peu nous importe que tu amuses ailleurs avec ta charlatanerie philosophique.

— Mon fils Varney, dit l'alchimiste, l'incrédulité qui t'entoure, semblable à un épais brouillard, a obscurci ta vue perçante. Ce brouillard t'empêche d'apercevoir ce qui est une pierre d'achoppement pour l'érudit, mais qui cependant, aux yeux de l'homme humble dans son désir de science, présente une leçon si claire qu'il pourrait la lire en courant. Crois-tu que l'art n'ait pas les moyens de compléter les concoctions imparfaites de la nature dans la formation des métaux précieux ; de même que par le secours de l'art nous achevons ses autres opérations d'incubation, de cristallisation, de fermentation, et tous les procédés par lesquels on extrait la vie elle-même d'un œuf inanimé ; par lesquels on tire d'une lie fangeuse une boisson pure et salutaire ; par lesquels nous donnons le mouvement à la substance inerte d'un liquide stagnant.

— J'ai déjà entendu parler de tout cela, dit Varney, et je suis à l'épreuve de ces beaux discours depuis que j'ai lâché vingt bonnes pièces d'or (peste ! j'étais encore bien novice) pour avancer le grand *magisterium*, qui, grace à Dieu, s'est évanoui en fumée. Depuis ce moment où j'ai payé le droit d'être libre dans mon opinion, je défie la chimie, l'astrologie, la chiromancie et toute autre science occulte, fût-elle aussi secrète que l'enfer même, de délier les cordons de ma bourse. Cependant je ne défie pas la manne de saint Nicolas, et je ne puis m'en passer. Ton premier soin doit être de m'en préparer une certaine quantité dès que tu seras arrivé à ma petite retraite où tu vas te confiner. Ensuite tu pourras y faire tout l'or que tu voudras.

— Je ne veux plus faire de cette drogue, dit l'alchimiste d'un ton résolu.

— Alors, dit l'écuyer, je te ferai pendre pour ce que tu en as déjà fait ; et ainsi le grand secret se trouverait à jamais perdu pour l'univers. Ne fais point à l'humanité ce tort irréparable, mon bon père ; crois-moi, soumets-toi à ta destinée, et compose une once ou deux de cette même drogue, qui ne peut faire mal tout au plus qu'à un ou deux individus, afin de prolonger ta vie assez de temps pour découvrir le remède universel qui nous délivrera tout d'un coup de toutes les maladies. Mais ne t'attriste pas, ô toi le plus grave, le plus savant et le plus soucieux de tous les fous de ce monde ! Ne m'as-tu pas dit qu'une petite dose de cette manne ne peut avoir que des effets très-doux, et nullement dangereux pour le corps humain ; qu'elle produit seulement un abattement général, des nausées, et une répugnance invincible à changer de place ; enfin une disposition d'esprit semblable à celle qui empêcherait un oiseau de s'envoler si on laissait sa cage ouverte ?

— Je l'ai dit, et rien n'est plus vrai, répondit l'alchimiste ; tel est l'effet qu'elle produit, et l'oiseau qui en prendrait dans cette proportion resterait tout un été languissant sur son perchoir, sans penser au ciel azuré ni à la verdure, même quand le soleil levant colore le ciel de ses rayons, et que la forêt résonne du concert matinal de tous ses habitans ailés.

— Et cela sans aucun danger pour la vie? dit Varney avec quelque anxiété.

— Oui, pourvu qu'on ne dépasse point la dose, et que quelqu'un, instruit de la nature de cette manne, soit à portée de surveiller les symptômes et d'administrer l'antidote au besoin.

— Tu régleras toi-même le tout, dit Varney; et tu recevras une récompense magnifique, si tu prends toutes tes mesures de manière qu'elle n'ait rien à craindre pour sa vie : autrement, attends-toi au châtiment le plus terrible.

— Qu'elle n'ait rien à craindre! répéta Alasco; c'est donc sur une femme que je vais avoir à exercer mon habileté?

— Non pas! fou que tu es, reprit Varney; ne t'ai-je pas dit que c'était un oiseau, une linote apprivoisée, dont les chants pourraient adoucir le faucon prêt à fondre sur elle? Je vois tes yeux étinceler, et je sais que ta barbe n'est pas tout-à-fait aussi blanche que ton art l'a faite. Voilà du moins une chose que tu as pu changer en argent. Mais fais attention, il ne s'agit pas d'une femme pour toi. — Cette linote en cage est à quelqu'un qui ne souffrirait pas de rival, et surtout de rival tel que toi; tu dois avoir soin de sa vie par-dessus toutes choses. Elle peut, d'un jour à l'autre, recevoir l'ordre de se rendre aux fêtes de Kenilworth ; et il est très-convenable, très-important, très-nécessaire, qu'elle n'y paraisse pas. Il faut qu'elle ignore tous ces ordres et leurs causes, et l'on doit penser que ses propres désirs l'empêcheraient d'écouter toutes les raisons ordinaires par esquelles on tenterait de la retenir à Cumnor.

— C'est assez naturel, dit l'alchimiste avec un étrange sourire qui tenait plus du caractère de l'homme que ce regard froid et contemplatif particulier à la physionomie d'un être plus occupé d'un monde lointain que des objets existant autour de lui.

— Cela est vrai, répondit Varney ; tu connais bien les femmes, quoiqu'il puisse y avoir long-temps que tu ne les fréquentes plus. Ainsi donc, il ne faut pas la contredire, et cependant on ne peut pas lui permettre de faire ce qu'elle veut. Comprends-moi bien : il ne faut qu'une légère indisposition, suffisante pour ôter tout désir de changer de place, et forcer les membres de ta savante confrérie (qu'on pourrait appeler pour lui donner leurs soins) à lui prescrire de garder tranquillement le logis pendant quelques jours. Voilà tout le service qu'on exige de toi ; et il sera estimé bien haut et bien récompensé.

— On ne demande donc pas d'affecter *la maison de vie?* dit le chimiste.

— Au contraire, tu seras pendu si tu y touches, répliqua Varney.

— Et j'aurai, dit Alasco, une bonne occasion de faire mon opération ; et, de plus, en cas de découverte, toutes espèces de facilités pour fuir ou pour me cacher?

— Tout ce que tu voudras, homme toujours incrédule, excepté pour les impossibilités de l'alchimie. Comment, vieux sorcier ! pour qui me prends-tu?

Le vieillard, se levant et s'emparant d'un flambeau,

s'achemina vers l'extrémité de l'appartement, où il y avait une porte qui conduisait à la petite chambre dans laquelle il devait passer la nuit. Il se tourna lorsqu'il fut près de la porte, et répéta lentement, avant d'y répondre, la question que Varney lui avait faite :

— Pour qui je te prends, Richard Varney? Ma foi, je te prends pour un démon plus méchant que je ne l'ai été moi-même. Mais je suis dans tes filets, et il faut que je te serve jusqu'à ce que mon temps soit expiré.

— C'est bien, dit Varney avec impatience; sois debout à la pointe du jour. Peut-être n'aurons-nous pas besoin de ta drogue. Ne fais rien avant mon arrivée; Michel Lambourne te conduira à ta destination.

Quand Varney eut entendu que le chimiste, après avoir tiré la porte, l'avait prudemment assurée en dedans par deux verrous, il s'en approcha, la ferma en dehors avec les mêmes précautions, et ôta la clef de la serrure en murmurant entre ses dents :

— Plus méchant démon que toi, dis-tu, maudit charlatan, sorcier, empoisonneur! toi qui aurais volontiers passé un contrat avec le diable s'il n'eût pas dédaigné un pareil serviteur! Je suis homme, et je cherche par tous les moyens humains à satisfaire mes passions et à élever ma fortune. Toi, tu es un vassal de l'enfer même. Holà! Lambourne! cria-t-il à une autre porte.

— Michel parut le visage enluminé, et entra d'un pas chancelant.

— Tu es ivre, coquin! lui dit Varney.

— Certainement, noble seigneur, répondit Michel sans s'intimider : nous avons bu toute la soirée à la fortune de cet heureux jour, au noble lord Leicester et à son écuyer. Ivre! Mort de ma vie! celui qui pourrait refuser de boire une douzaine de santés dans une pareille occasion ne serait qu'un mécréant et un lâche, et je lui ferais avaler six pouces de mon poignard !

— Écoute-moi, drôle : reprends ton bon sens sur-le-champ ; je te l'ordonne. Je sais que tu peux à volonté te dépouiller de tes folies d'ivrogne comme d'un habit ; et, si tu ne le fais, tu t'en trouveras mal.

Lambourne baissa la tête, sortit, et rentra, au bout de deux ou trois minutes, la figure dans son état naturel, les cheveux arrangés et ses habits remis en ordre ; aussi différent enfin de ce qu'il était l'instant d'auparavant que s'il s'était opéré en lui une métamorphose complète.

— N'es-tu plus ivre maintenant? es-tu en état de me comprendre? dit Varney d'un air sévère.

Lambourne s'inclina comme pour répondre affirmativement.

— Il faut que tu partes tout de suite pour l'abbaye de Cumnor avec le docteur respectable qui dort ici près dans la petite chambre voûtée. Voici la clef, pour que tu puisses l'éveiller lorsqu'il en sera temps. Prends avec toi un de tes compagnons, auquel on puisse se fier. Traitez le docteur avec toutes sortes d'égards ; mais ne le perdez pas de vue : s'il veut s'échapper, brûlez-lui la cervelle, et je suis votre caution. Je te donnerai une lettre pour Foster. On logera le docteur au rez-de-chaussée de l'aile de l'est ; il aura la liberté de se servir du vieux laboratoire et de ce qu'il contient. On ne lui laissera avoir avec la dame du château d'autres communications que celles que j'autoriserai et indiquerai moi-même, à moins qu'elle ne trouve quelque plaisir à voir ses jongleries philosophiques. Tu attendras à Cumnor mes ordres ultérieurs; et je te recommande, sous peine de la vie, de prendre garde aux cabarets et aux flacons de brandevin. Rien de ce qui se passe au château ne doit transpirer au dehors, pas même l'air qu'on y respire.

— Il suffit, milord, je veux dire mon honorable maître, et bientôt, j'espère, mon honorable chevalier et maître; vous m'avez donné mes instructions et ma liberté, j'exécuterai les unes ponctuellement, et n'abuserai pas de l'autre : je serai à cheval au lever du soleil.

— Fais ton devoir, et mérite mes encouragemens. Attends : avant de t'en aller, remplis-moi un verre de vin.

Comme Lambourne s'apprêtait à verser de celui qu'Alasco avait laissé à moitié : — Non, dit Varney, va m'en chercher d'autre.

Lambourne obéit; et Varney, après s'être rincé la bouche avec la liqueur, en but un verre plein, et dit en prenant une lampe pour se retirer dans son appartement : —

— C'est étrange! personne n'est moins que moi la dupe de son imagination; cependant je ne puis parler une minute avec cet Alasco sans que ma bouche et mes poumons me semblent infectés par les vapeurs de l'arsenic calciné.

En parlant ainsi il quitta l'appartement. Lambourne resta pour goûter le vin qu'il avait apporté. — C'est du *Saint-Johnsberg*, dit-il en contemplant ce qu'il avait versé dans le verre pour en savourer l'odeur; il a le vrai parfum de la violette : mais il ne faut pas en faire d'excès aujourd'hui, pour pouvoir un jour en boire tout à mon aise. Lambourne avala un grand verre d'eau pour abattre les fumées du vin du Rhin ; puis il se retira lentement vers la porte, fit une pause, et, trouvant la tentation irrésistible, retourna vivement sur ses pas, approcha ses lèvres du flacon, et se satisfit à longs traits sans la cérémonie du verre.

— Si ce n'était cette maudite habitude, dit-il, je pourrais monter aussi haut que Varney lui-même; mais qui peut monter, lorsque la chambre où l'on est tourne comme une girouette? Je voudrais que la distance entre ma main et ma bouche fût plus grande, ou le chemin qui y conduit plus difficile. Mais demain je ne veux boire que de l'eau : oui, rien que de l'eau pure !

CHAPITRE XIX.

PISTOL. « J'apporte des messages de bonheur et de joie,
» des nouvelles précieuses.
FALSTAFF. » Je te prie de nous les raconter comme à des
» gens de ce monde.
PISTOL. » Au diable le monde et les imbéciles qui l'ha-
» bitent ! Je parle de l'Afrique et de ses tré-
» sors. »

SHAKSPEARE. *Henry IV*, part. II.

La grand'salle de l'*Ours-Noir*, à Cumnor, où notre histoire nous ramène, pouvait se vanter, le soir dont nous parlons, de contenir une société peu ordinaire. Il y avait eu une foire dans le voisinage : le prétentieux mercier d'Abingdon, ainsi que plusieurs des personnages que nous avons déjà présentés au lecteur comme les amis et les habitués de l'auberge de Giles Gosling, avaient formé autour du feu leur cercle accoutumé, et parlaient des nouvelles du jour.

Un homme vif, plaisant et à l'air affairé, que sa balle et son aune de bois de chêne garnie de pointes de cuivre à distances égales, indiquaient comme étant du métier d'Autolycus (1), occupa beaucoup l'attention de la compagnie, et contribua puissamment à l'amusement de la soirée. Il faut se rappeler que les marchands ambulans de ce temps-là étaient des gens d'une toute autre importance que les colporteurs dégénérés de nos temps modernes. C'était par le moyen de ces négocians péripatéticiens que se faisait presque tout le commerce des campagnes, surtout en ce qui concernait les étoffes fines à l'usage des femmes; et si un marchand de cette espèce était assez riche pour voyager avec un cheval de bât, il devenait un personnage d'importance, et pouvait tenir compagnie aux fermiers les plus aisés.

Le marchand forain dont nous parlons prenait donc librement une part active dans les amusemens qui faisaient retentir les plafonds de l'*Ours-Noir* de Cumnor. Il était bienvenu à sourire avec la jolie petite Cicily; il riait aux éclats avec notre hôte, et se moquait du pimpant M. Goldthred, qui, sans avoir cette intention complaisante, servit de plastron à tous les traits malins de la soirée. Le colporteur et lui se trouvaient engagés dans une dispute au sujet de la préférence que le tricot d'Espagne méritait sur la maille de Gascogne; et notre hôte avait fait un signe de l'œil à ses hôtes, comme pour leur dire : — Vous allez avoir de quoi rire dans un instant, mes amis; lorsqu'un bruit de chevaux se fit entendre dans la cour, et le valet d'écurie fut appelé avec

---

(1) Nom du colporteur dans le *Conte d'hiver*, pièce de Shakspeare. — Éd.

les jurons les plus en vogue alors pour donner de la force à l'appel.

Aussitôt sortirent, en se précipitant les uns sur les autres, Will, le palefrenier, John, le garçon chargé de la cave, et toute la milice de l'*Ours-Noir*, qui avait déserté ses postes pour écouter les plaisanteries des uns et des autres. Notre hôte lui-même descendit aussi dans la cour pour faire aux nouveaux venus l'accueil qu'ils méritaient, et rentra presque aussitôt en introduisant son digne neveu, Michel Lambourne, passablement ivre, et escortant l'astrologue. Quoique Alasco fût resté un petit vieillard, il avait, en changeant sa robe pour un habit de cavalier, et en peignant sa barbe et ses sourcils, diminué de vingt ans au moins son âge apparent; on eût pu le prendre pour un homme encore vert qui touchait à sa soixantaine. Il paraissait fort inquiet, et avait beaucoup pressé Lambourne de ne pas s'arrêter dans l'auberge, et de se rendre directement au lieu de leur destination; mais Lambourne n'aimait pas à être régenté.

— Par le Cancer et le Capricorne, cria-t-il, par toutes les armées célestes, sans compter les étoiles que j'ai vues dans le ciel du midi, et auprès desquelles nos pâles luminaires du nord ont l'air de chandelles de deux liards, le caprice de qui que ce soit ne me rendra jamais mauvais parent! Je veux m'arrêter pour embrasser mon digne oncle l'aubergiste. Jésus! Bon sang ne peut mentir. Est-il possible que les amis s'oublient jamais? Un gallon de votre meilleur vin, mon oncle, et nous le boirons à la santé du noble comte de Leicester. Quoi! ne trinquerons-nous pas ensemble pour réchauffer notre vieille amitié? ne trinquerons-nous pas ensemble, je le demande?

— De tout mon cœur, mon neveu, dit notre hôte, qui cherchait à s'en débarrasser; mais te charges-tu de payer toute cette bonne liqueur?

Pareille question a fait reculer plus d'un joyeux buveur; mais elle ne changea point les dispositions de Lambourne.

— Doutez-vous de mes moyens pécuniaires, mon cher oncle? dit-il en montrant sa main pleine de pièces d'or et d'argent. Doutez du Mexique et du Pérou! doutez de l'échiquier de la reine! Dieu protège Sa Majesté! elle est la bonne maîtresse de mon bon seigneur.

— Fort bien, mon neveu, dit l'aubergiste; mon métier est de vendre du vin à ceux qui peuvent le payer. Ainsi, John, fais ton office. Mais je voudrais bien savoir gagner de l'argent aussi aisément que toi, Michel.

— Mon oncle, dit Lambourne, je vais te dire un secret. — Vois-tu ce petit vieillard, aussi sec et ridé que les copeaux dont le diable se sert pour faire chauffer sa soupe? Eh bien, mon oncle, entre vous et moi, il a le Potose dans la tête. Mort et sang! il lui faut moins de temps pour monnayer des ducats qu'à moi pour lâcher un juron.

— Je ne veux point de sa monnaie dans ma bourse, Michel, dit l'aubergiste; je sais à quoi doivent s'attendre ceux qui contrefont celle de la reine.

— Tu es un âne, mon oncle, malgré ton âge. Ne me tire pas par mon habit, docteur; tu es aussi un âne. Ainsi, étant tous les deux des ânes... Je vous dis que je n'ai parlé ainsi que par métaphore.

— Êtes-vous fou? dit le vieillard; avez-vous le diable au corps? ne pouvez-vous nous laisser partir sans attirer sur nous les yeux de tout le monde?

— Tu te trompes, reprit Lambourne ; personne ne te verra si je ne le permets. Je jure par le ciel, messieurs, que si quelqu'un de vous a la hardiesse de jeter les yeux sur ce vieux bonhomme, je les lui arracherai de la tête avec mon poignard. Ainsi, mon vieux camarade, assieds-toi, et pas de tristesse. Tous ces gens-là sont de mes anciens amis, et ne trahiront personne.

— Ne feriez-vous pas mieux de vous retirer dans un appartement particulier, Michel? dit Giles Gosling; vous parlez de choses étranges, et il y a partout des gens aux écoutes.

— Je m'en soucie peu, dit le magnanime Lambourne. Je sers le noble comte de Leicester. Voici le vin ; verse à la ronde, maître sommelier ; une rasade à la santé de la fleur d'Angleterre, du noble comte de Leicester! Du noble comte de Leicester! Celui qui refuse de me faire raison n'est qu'un porc de Sussex, et je le forcerai de se mettre à genoux pendant que nous boirons le toast, dussé-je lui couper les cuisses et les fumer comme du jambon.

Personne ne refusa une santé proposée de la sorte; et Michel Lambourne, dont cette nouvelle libation n'avait pas diminué l'ivresse, continua les mêmes extravagances; renouvelant ses liaisons avec ceux des hôtes qu'il avait vus autrefois, et en recevant un accueil où quelque déférence se mêlait à beaucoup de crainte ; car le moindre serviteur du comte favori, et surtout un homme tel que Lambourne, excitait assez naturellement ces deux sentimens.

Pendant ce temps Alasco, voyant son guide dans une humeur aussi peu traitable, cessa de lui faire des représentations, et, s'asseyant dans le coin le plus obscur de la salle, demanda une petite mesure de vin des Canaries, sur lequel il sembla s'endormir, désirant s'exposer le moins possible aux regards de la compagnie, et ne rien faire qui pût rappeler son existence à son compagnon de voyage. Celui-ci paraissait avoir contracté une étroite intimité avec son ancien camarade Goldthred d'Abingdon.

— Je veux n'être jamais cru, mon cher Michel, dit le mercier, si je ne suis pas aussi content de te voir que je l'ai jamais été de voir l'argent d'une pratique. Je sais que tu peux donner à un ami une bonne place pour voir un bal ou une mascarade; et puis tu peux dire à l'oreille de milord, quand Sa Grace vient visiter ces contrées, et a besoin d'une fraise espagnole ou de quelque autre chose de ce genre; tu peux lui dire à l'oreille : il y a ici un de mes vieux amis, Laurent Goldthred d'Abingdon, qui a un superbe assortiment de linon, de gaze, de batiste; qui par-dessus le marché est lui-même un des plus jolis garçons du comté de Berks, et qui se battrait de bon cœur pour Votre Seigneurie avec tout homme de sa taille. Tu peux ajouter encore...

— Je peux ajouter cent autres mensonges, n'est-ce pas, mercier? répondit Lambourne. Mais quoi! on ne doit pas avoir peur d'un mot lorsqu'il s'agit de rendre service à un ami.

— A ta santé, Michel, de tout mon cœur, dit le marchand, et tu peux dire aussi quelles sont les véritables modes. Il y avait ici, il n'y a qu'un instant, un coquin de colporteur qui soutenait les bas d'Espagne, qu'on ne porte plus, contre ceux de Gascogne; et cependant tu peux juger combien les bas français font ressortir la jambe et le genou avec leurs jarretières de rubans bariolés et la garniture assortie.

— Excellent! reprit Lambourne, excellent! En vérité, ton maigre mollet passé à travers cette masse de toile gommée et de gaze fait l'effet d'un fuseau auquel il manque la moitié de sa laine.

— Ne l'avais-je pas dit? cria le mercier, dont le faible cerveau cédait à son tour aux fumées du vin. Où donc est ce coquin de colporteur? Il y avait, je crois, un colporteur ici il y a un instant. Notre hôte, où diable peut donc être ce colporteur?

— Il est où doivent être les hommes sages, maître Goldthred, répliqua Giles Gosling. Renfermé dans sa chambre, il repasse les ventes de la journée, et se prépare pour celles du lendemain.

— La peste soit du rustre! dit le mercier. Ce serait une bonne action de le décharger de ses marchandises. Ces mauvais vagabonds errent dans le pays au grand détriment du marchand patenté. Il y a encore de bons lurons dans le comté de Berks, notre hôte; et votre colporteur pourra en rencontrer d'ici à Maiden-Castle.

— Oui, reprit l'aubergiste en riant, et celui qui le rencontrera trouvera à qui parler; il est d'une bonne taille.

— Vraiment? dit Goldthred.

— Vraiment, dit mon hôte, et j'en puis jurer par le robinet et la bonne chère! c'est un colporteur tel que celui qui battit Robin Hood si complètement, comme le dit la chanson :

> Robin met le sabre à la main;
> Le colporteur en fait de même,
> Et vous frotte si bien Robin
> Que Robin en devint tout blême (1).

(1) Ces vers n'ont sans doute pas beaucoup de sel; mais le tra

— Et bien, dit le mercier, qu'il parte; il n'y a rien à gagner avec un homme de cette trempe. Et maintenant, dis-moi, Michel, mon cher Michel, la toile de Hollande que tu m'as gagnée te fait-elle un bon usage?

— Oui, très-bon, comme tu peux le voir, répondit Michel : je vais te faire donner un pot de vin par reconnaissance. Remplis le flacon, maître Met-en-perce (1).

— Tu ne gagneras plus de toile de Hollande sur de semblables gageures, Michel, dit le mercier, car ce mauvais garnement, Tony Foster, se répand contre toi en invectives, et jure que tu ne mettras plus les pieds chez lui, parce que tes juremens suffiraient pour faire sauter en l'air le toit d'un chrétien.

— A-t-il dit cela, ce lâche hypocrite, ce misérable avare? s'écria Lambourne; eh bien! je veux qu'il vienne prendre mes ordres ici, ce soir même, dans la maison de mon oncle, et je vais lui entonner un tel *sanctus* qu'il en aura pour un mois à croire que le diable le tire par son habit toutes les fois qu'il entendra ma voix.

— Maintenant on s'aperçoit que la liqueur a fait effet, dit Goldthred. Tony Foster obéir à ton coup de sifflet! Hélas! pauvre Michel, va te coucher; va te coucher, te dis-je!

— Écoute, imbécile! dit Lambourne en colère; je te parie cinquante angelots d'or contre les cinq premiers rayons de ta boutique et ce qu'ils contiennent du côté opposé à la fenêtre, que je force Tony Foster à venir

ducteur a du moins donné un équivalent de ceux du texte, sans en altérer le sens. Les ballades populaires sont quelquefois d'une naïveté prosaïque. — Éd.

(1) Sommelier, Tapster. — Éd.

dans cette auberge avant que la bouteille ait fait trois fois le tour de la table.

— Je ne veux point faire de pari de cette importance, dit le mercier un peu refroidi par une offre qui annonçait une connaissance un peu trop exacte de sa boutique ; mais je gagerai, si tu veux, cinq angelots d'or, contre toi, que Tony Foster n'abandonne pas sa maison pour venir, après l'heure de la prière, causer dans un cabaret avec toi ou quelque autre personne que ce soit.

— Marché fait, dit Lambourne. Venez, mon oncle ; tenez les enjeux, et ordonnez à un de vos petits saignetonneaux, de vos jeunes apprentis cabaretiers, de courir sur-le-champ à Cumnor-Place, de donner cette lettre à maître Foster, et de lui dire que son camarade Michel Lambourne l'attend dans le château de son oncle, présent ici, pour conférer avec lui sur une affaire du plus haut intérêt. Cours vite, mon enfant ; il est presque nuit, et le misérable se couche avec le soleil pour épargner la chandelle.

Le court intervalle qui se passa entre le départ et le retour du messager fut employé à rire et à boire. Il rapporta pour réponse que maître Foster allait venir de suite.

— Gagné ! gagné ! dit Lambourne en s'élançant sur les enjeux.

— Non pas, dit le mercier en s'y opposant ; il faut attendre qu'il soit arrivé.

— Comment diable ! il est sur le seuil de la porte, dit Michel. Que t'a-t-il dit, mon garçon ?

— Sous le bon plaisir de Votre Honneur, répondit le messager, il a mis la tête à la fenêtre, tenant dans ses mains un mousqueton, et quand je lui ai fait part de votre message, ce dont je me suis acquitté en tremblant, il m'a répondu avec un air de sombre menace que Votre Seigneurie pouvait s'en aller aux régions infernales.

— C'est-à-dire à tous les diables, dit Lambourne, car c'est là qu'il envoie tous ceux qui ne sont pas de sa congrégation.

— Ce sont les paroles dont il s'est servi, dit le messager : j'ai préféré l'autre phrase, comme plus poétique.

— Voilà un garçon d'esprit, dit Michel : tu boiras un coup pour rafraîchir ton sifflet poétique. Et qu'a dit Foster ensuite?

— Il m'a rappelé, dit le garçon, et m'a chargé de vous dire que vous pourriez venir le voir si vous aviez à lui parler.

— Est-ce tout? dit Lambourne.

— Ensuite il a lu la lettre, qui a paru le jeter dans un grand embarras, et il a demandé si Votre Honneur était en train ; et je lui ai répondu que vous parliez un peu espagnol, comme quelqu'un qui avait été aux Canaries.

— Sors d'ici, pot d'une mauvaise mesure, enfant d'un mémoire trop chargé, sors d'ici... Mais un moment, qu'a-t-il dit ensuite?

— Il a grommelé entre ses dents, que, s'il ne venait pas, Votre Honneur laisserait échapper ce qu'il fallait tenir renfermé ; et ainsi il a pris son vieux bonnet, son habit bleu râpé, et, comme je vous l'ai déjà dit, il va être ici sur-le-champ.

— Ce qu'il dit est vrai, répliqua Lambourne se parlant à lui-même ; ma sotte cervelle vient de jouer un de ses tours ordinaires. Mais courage; qu'il vienne; je n'ai pas couru si long-temps le monde pour avoir peur de

Tony Foster dans quelque état que je me trouve, ivre ou à jeun. Apportez-moi un flacon d'eau fraîche pour en baptiser le vin qui cuve dans mon estomac.

Pendant que Lambourne, qui semblait avoir été rappelé au sentiment de sa situation par l'approche de Foster, se préparait à le recevoir, Giles Gosling monta silencieusement dans la chambre du colporteur. Il le trouva qui se promenait à grands pas d'un air très-agité.

— Vous vous êtes retiré bien subitement, dit l'aubergiste à son hôte.

— Il en était bien temps, reprit le colporteur, lorsque le diable est venu s'asseoir au milieu de vous.

— Il n'est pas fort honnête à vous de donner à mon neveu une pareille épithète ; et, en bon parent, je ne devrais pas vous répondre. Et pourtant il n'est que trop vrai qu'on peut en quelque sorte considérer Michel comme un enfant de Satan.

— Bah ! je ne parle pas de l'ivrogne, répliqua le colporteur ; c'est de l'autre, qui, d'après ce que j'en sais.... Mais quand partent-ils ? Que viennent-ils faire ?

— Vraiment, dit l'hôte, ce sont des questions auxquelles je ne puis répondre. Mais écoutez-moi, monsieur ; vous m'avez apporté une marque de souvenir de la part du digne M. Tressilian. C'est un joli diamant. Il prit la bague, et la regarda avec satisfaction ; puis il ajouta, en la remettant dans sa bourse, que c'était une récompense au-dessus de tout ce qu'il pourrait jamais faire pour celui qui lui envoyait un pareil cadeau. Il était aubergiste, et il lui convenait moins qu'à tout autre de se mêler des affaires d'autrui. Il avait déjà dit qu'il n'avait rien pu apprendre, sinon que la dame en question habitait toujours Cumnor-Place dans la solitude la plus absolue ; et que ceux qui, par le plus grand hasard, l'avaient aperçue s'accordaient à dire qu'elle avait l'air triste et semblait ennuyée de sa réclusion. Maintenant, ajouta-t-il, si vous voulez satisfaire votre maître, vous avez la plus belle occasion qui se soit offerte depuis long-temps. Tony Foster va venir ici, et nous n'avons qu'à laisser sentir à Lambourne l'odeur d'un autre flacon de vin pour être sûrs que les ordres de la reine même ne lui feraient pas quitter le banc où il est assis. Ainsi vous avez une heure ou deux d'assurées. Si vous voulez prendre votre balle, qui sera probablement votre meilleure excuse, vous pourrez peut-être persuader à la vieille servante, certaine de l'absence de son maître, de vous laisser vendre quelques colifichets à sa maîtresse, et alors vous pourrez en apprendre sur sa situation beaucoup plus que nous ne pourrions vous en dire, ni moi ni personne.

— Vrai, très-vrai ? reprit Wayland, car c'était lui : — Excellent stratagème ! mais, à ce qu'il me semble, un peu dangereux ; car supposez que Foster vînt à rentrer.

— C'est ma foi très-possible, dit l'hôte.

— Ou, continua Wayland, que la dame ne se trouvât que médiocrement reconnaissante de mes peines.

— Ce qui n'est point du tout improbable, reprit Giles Gosling. Je m'étonne que M. Tressilian se donne tant de peine pour une femme qui ne se soucie pas de lui.

— Dans l'un ou l'autre cas, je serais mal reçu, dit Wayland ; et c'est pourquoi, tout bien considéré, ce projet ne me plaît pas beaucoup.

— Ma foi ! monsieur le serviteur, dit notre hôte, n'attendez pas que je m'en mêle. Ceci est l'affaire de votre maître, et non la mienne ; vous devez savoir mieux que moi quels sont les dangers à craindre, et jusqu'à quel point vous êtes résolu à les braver. Mais vous ne pouvez pas espérer que d'autres hasardent ce que vous ne voulez pas vous-même risquer.

— Un instant, dit Wayland; dites-moi seulement une chose : est-ce que le vieillard qui est arrivé ce soir se rend à Cumnor-Place?

— Certainement, répondit l'aubergiste : leur domestique a dit qu'il avait ordre d'y transporter leur bagage; mais l'ale a eu sur lui autant de pouvoir que le vin des îles sur Michel.

— C'en est assez, dit Wayland prenant un air résolu, je confondrai les projets de ce vieux scélérat. La crainte que m'inspire son horrible aspect commence à faire place à la haine. Aide-moi à charger ma balle, bon aubergiste. — Prends garde à toi, vieil Albumazar (1); il y a dans ton horoscope une influence maligne, et elle vient de la constellation de la grande Ourse.

En parlant ainsi, Wayland mit sur ses épaules sa boutique portative; et, guidé par l'aubergiste, il sortit par une porte de derrière, et prit le chemin le moins fréquenté pour se rendre à Cumnor-Place.

(1) Albumazar, principal personnage d'une ancienne pièce de ce nom, qui avait, dit-on, fourni à Ben Jonson l'idée de son *Alchimiste*. — Éd.

CHAPITRE XX.

Le Clown (1). « Il y a de ces colporteurs qui sont tout autre
    » chose que vous ne pensez, ma sœur. »
            Shakspeare. *Conte d'hiver*, acte iv, scène 3.

Dans sa sollicitude pour suivre à la lettre les recommandations que le comte lui avait souvent faites, et obéissant aussi à ses dispositions insociables et à son avarice, Tony Foster, en montant sa maison, avait plutôt cherché à éviter de se faire remarquer qu'à se mettre à l'abri d'une curiosité indiscrète. C'est pourquoi, au lieu d'un nombreux domestique pour veiller à la sûreté de son dépôt et défendre sa maison, il avait cherché à mettre en défaut les observateurs en réduisant le nombre de ses gens : aussi, excepté quand il y avait

(1) Le paysan bouffon des anciennes pièces anglaises. — Éd.

chez lui quelqu'un de la suite de Varney ou de celle du comte, un vieux domestique et deux vieilles femmes qui aidaient à faire les appartemens de la comtesse étaient seuls employés dans la famille. Ce fut une de ces vieilles femmes qui ouvrit la porte lorsque Wayland frappa, et qui répondit avec des injures à la demande qu'il faisait d'être admis à montrer ses marchandises aux dames de la maison. Le colporteur trouva moyen d'apaiser ses cris en lui glissant une pièce d'argent dans la main, et en lui laissant entendre qu'il lui ferait présent d'un morceau d'étoffe pour une robe si sa maîtresse lui achetait quelque chose.

— Dieu te bénisse! car la mienne est toute en lambeaux. Glisse-toi avec ta balle dans le jardin; elle s'y promène.

En conséquence elle l'introduisit dans le jardin, et, lui montrant un vieux pavillon en ruines, lui dit: — La voilà, mon garçon, la voilà; elle fera de bonnes emplettes si tes marchandises lui conviennent.

— Elle me laisse, pensa Wayland en entendant la vieille femme fermer la porte du jardin derrière lui, et il faudra que j'en sorte comme je le pourrai. On ne me battra pas, et l'on n'osera pas me tuer pour une si légère transgression et par une si belle soirée. C'est résolu; je vais avancer : jamais bon général ne doit penser à la retraite que lorsqu'il se voit vaincu. J'aperçois deux femmes dans le vieux pavillon, mais comment les aborder? Voyons. William Shakspeare, sois mon sauveur dans cette conjoncture. Je vais leur donner un morceau d'Autolycus. Alors, d'une voix forte et avec assurance, il chanta ce couplet populaire de la pièce (1):

(1) Le *Conte d'hiver*. — Éd.

> Voulez-vous dentelles de Liège,
> Masques en satins, gants en peau,
> Du linon plus blanc que la neige,
> Du crêpe noir comme un corbeau?

— Qu'est-ce que le hasard nous envoie aujourd'hui, Jeannette? dit la dame.

— Madame, répondit Jeannette, c'est un de ces marchands de vanités qu'on appelle colporteurs, qui débitent leurs futilités avec des chansons encore plus futiles. Je suis étonnée que la vieille Dorcas l'ait laissé passer.

— C'est une bonne fortune, mon enfant, dit la comtesse; nous menons ici une ennuyeuse vie, et nous pourrons nous distraire peut-être quelques momens.

— Hélas! oui, ma gracieuse dame, dit Jeannette, mais mon père...

— Il n'est pas le mien, Jeannette, ni mon maître, j'espère : ainsi, fais venir ici cet homme, j'ai besoin de plusieurs petits objets.

— Mais, madame, s'il en est ainsi, vous n'avez qu'à le faire savoir par votre première lettre, et si ce dont vous manquez peut se trouver en Angleterre, on vous le procurera certainement. Il nous en arrivera quelque malheur. Je vous en conjure, ma chère maîtresse, laissez-moi ordonner à cet homme de s'en aller.

— Je veux au contraire que tu lui dises de venir ici; mais non; arrête, ma pauvre enfant; j'irai le lui dire moi-même, pour t'épargner des reproches.

— Hélas, madame, plût à Dieu qu'il n'y eût que cela à craindre! dit Jeannette tristement pendant que la comtesse criait à Wayland : — Approche, brave homme, et défais ta balle; si tu as de bonnes marchandises, j'en serai charmée, et tu y trouveras ton profit.

— De quoi Votre Seigneurie a-t-elle besoin? dit Wayland en desserrant sa balle et dépliant ce qu'elle contenait avec autant de dextérité que s'il eût fait ce métier depuis son enfance; il est vrai qu'il l'avait exercé plusieurs fois dans le cours de sa vie vagabonde. Il commença à faire l'éloge de ses marchandises avec toute la volubilité ordinaire aux colporteurs, et montra quelque adresse dans le grand art d'en fixer les prix.

— De quoi j'ai besoin? répondit la dame : en vérité, considérant que depuis six grands mois je n'ai pas acheté pour mon usage une aune de linon ou de batiste, ni le moindre colifichet, la meilleure réponse que je puisse te faire, c'est de te dire : Qu'as-tu à vendre? Mets de côté pour moi cette fraise et ces manches de batiste, et ces tours de franges d'or garnis de crêpe; et cette petite mantille couleur de cerise, garnie de boutons et de ganse d'or : n'est-elle pas du meilleur goût, Jeannette?

— Si vous voulez avoir mon jugement, dit Jeannette, il me semble qu'elle est trop riche pour être jolie.

— Fi de ton jugement, Jeannette! dit la comtesse; tu porteras toi-même cette mantille pour ta pénitence, et les boutons d'or massif consoleront ton père, et le feront passer sur la couleur cerise du fond. Fais attention qu'il ne les ôte pas pour les envoyer tenir compagnie aux angelots qu'il tient captifs dans son coffre-fort.

— Oserai-je prier Votre Seigneurie, dit Jeannette, d'épargner mon pauvre père?

— Peut-on épargner celui qui est si naturellement porté à l'épargne (1)? répondit la comtesse en souriant.

(1) La comtesse joue ici sur le mot *to spare*, épargner, lésiner.
ÉD.

Mais revenons à nos emplettes: prends cette garniture de tête et cette épingle d'argent montée en perles. Jeannette, fais-toi donner deux robes de cette étoffe grossière pour Dorcas et Alison, afin que ces pauvres vieilles puissent se tenir chaudement cet hiver. Et, dis-moi, n'as-tu point de parfums, ou de sachets de senteur, ou quelques flacons des formes les plus nouvelles?

— Si j'étais un véritable colporteur, je pourrais faire ma fortune, pensa Wayland en répondant aux demandes qu'elle lui faisait coup sur coup avec l'ardeur d'une jeune personne qui a été long-temps privée d'une occupation aussi agréable. Mais comment l'amener pour un moment à de sérieuses réflexions? Alors, lui montrant son assortiment d'essences et de parfums, il fixa tout d'un coup son attention en lui faisant observer que ces objets avaient presque doublé de prix, depuis les magnifiques préparatifs que faisait le comte de Leicester pour recevoir la reine et sa cour dans son superbe château de Kenilworth.

— Ah! dit la comtesse vivement, ce bruit est donc fondé, Jeannette?

— Certainement, madame, répondit Wayland, et je suis surpris qu'il ne soit point parvenu aux oreilles de Votre Seigneurie. La reine d'Angleterre passera une semaine chez le comte, pendant le voyage d'été; bien des gens disent que notre pays va avoir un roi, et Élisabeth d'Angleterre (Dieu la bénisse!) un époux avant la fin du voyage.

— Ces gens-là mentent impudemment! dit la comtesse au comble de l'impatience.

— Pour l'amour de Dieu, madame, contenez-vous,

dit Jeannette toute tremblante. Qui peut faire attention aux nouvelles d'un colporteur?

— Oui, Jeannette !s'écria la comtesse, tu as eu raison de me reprendre. De tels rapports, qui tendent à ternir la réputation du plus brillant et du plus noble pair d'Angleterre, ne peuvent trouver de circulation et de créance que parmi des gens abjects et infames.

— Je veux mourir, madame, dit Wayland, qui observait que sa colère allait se tourner contre lui; je veux mourir si j'ai mérité ces reproches! Je n'ai dit que ce que pensent beaucoup de gens.

Pendant ce temps la comtesse avait repris sa tranquillité; alarmée des suggestions de Jeannette, elle cherchait à bannir toute apparence d'humeur. — Je serais fâchée, dit-elle, mon brave homme, que notre reine abjurât son titre de vierge, qui est si cher à tous ses sujets : sois sûr qu'il n'en sera rien ; et ensuite, désirant changer d'entretien : Mais quelle est cette composition si soigneusement placée au fond de cette boîte d'argent? ajouta-t-elle pendant qu'elle examinait l'intérieur d'une cassette où des drogues et des parfums étaient disposés dans des tiroirs séparés.

— C'est un remède, madame, contre une maladie dont j'espère que vous n'aurez jamais sujet de vous plaindre. Une dose de ce médicament, de la grosseur d'un pois de Turquie, avalée pendant une semaine de suite, fortifie le cœur contre les vapeurs noires qu'engendrent la solitude, la tristesse, une passion malheureuse, un espoir déçu.

— Êtes-vous fou? dit la comtesse vivement, ou croyez-vous que, parce que j'ai eu la bonté d'acheter vos mauvaises marchandises à des prix exorbitans, vous pourrez me faire croire tout ce qui vous viendra dans l'esprit? Qui a jamais entendu dire que les affections du cœur étaient susceptibles de céder à des remèdes administrés au corps?

— Sous votre honorable plaisir, dit Wayland, je suis honnête homme, et je vous ai vendu mes marchandises à des prix modérés. Quant à ce précieux remède, en vous vantant sa vertu, je ne vous ai pas conseillé de l'acheter. Je ne dis point qu'il puisse guérir un mal d'esprit bien enraciné; Dieu et le temps peuvent seuls le faire. Mais je soutiens que ce baume dissipe les vapeurs noires qui naissent dans le corps, et la tristesse qui affaisse l'ame. J'ai guéri par ce remède plus d'une personne de la cour et de la ville; dernièrement, entre les autres, un certain M. Edmond Tressilian, noble gentilhomme de Cornouailles, que les mépris de la personne à laquelle il avait consacré toutes ses affections avaient, m'a-t-on dit, réduit à un état de tristesse qui avait fait craindre pour sa vie.

Il s'arrêta, et la comtesse garda le silence pendant quelque temps; puis elle demanda d'une voix à laquelle elle essayait en vain de donner l'accent de l'indifférence et de la fermeté : — La personne dont vous parlez est-elle tout-à-fait rétablie?

— Passablement, madame, dit Wayland; au moins elle n'a plus de souffrance physique.

— Je veux essayer ce remède, Jeannette, dit la comtesse; moi aussi j'ai des accès de cette mélancolie noire qui attaque le cerveau.

— Non assurément, madame, dit Jeannette; qui vous répond que les drogues de ce marchand ne sont pas dangereuses?

— Je serai moi-même le garant de ma bonne foi, dit Wayland; et, prenant une portion du remède, il l'avala en leur présence. La comtesse acheta le reste, les observations de Jeannette n'ayant servi qu'à la déterminer davantage à exécuter son dessein. Elle en prit même sur-le-champ une première dose, et assura qu'elle trouvait déjà son cœur allégé et sa gaieté réveillée, résultat qui, selon toute apparence, n'existait que dans son imagination. Alors elle rassembla toutes ses emplettes, donna sa bourse à Jeannette en lui recommandant de payer le colporteur, pendant qu'elle-même, comme déjà fatiguée de l'intérêt qu'elle avait d'abord pris à sa conversation, lui souhaita le bonsoir, et rentra nonchalamment au château, ôtant par là à Wayland tout espoir de lui parler en particulier. Il s'empressa cependant d'avoir une explication avec Jeannette.

— Jeune fille, dit-il, je lis sur ton visage que tu dois aimer ta maîtresse. Elle a grand besoin de services fidèles.

— Et elle le mérite de moi, répliqua Jeannette. Mais où voulez-vous en venir?

— Jeune fille, je ne suis pas précisément ce que je parais être, dit Wayland baissant la voix.

— Double raison pour croire que tu n'es pas un honnête homme.

— Double raison pour me croire tel, puisque je ne suis point colporteur.

— Sors donc d'ici sur-le-champ, ou je vais appeler au secours; mon père doit être de retour.

— Ne fais pas cette folie, tu t'en repentirais. Je suis un des amis de ta maîtresse; elle a besoin d'en acquérir d'autres, et non de perdre par ta faute ceux sur lesquels elle peut compter.

— Quelle preuve ai-je de tes bonnes intentions?

— Regarde-moi en face, et vois si tu ne lis point sur mes traits que je suis un honnête homme.

Et en effet, quoique notre artiste fût loin d'être beau, il avait sur sa physionomie l'expression d'une intelligence pénétrante et d'un génie inventif, qui, joints à des yeux vifs et brillans, à une bouche bien faite, et à un sourire spirituel, donne souvent de la grace à des traits irréguliers.

Jeannette le regarda quelque temps avec la simplicité maligne de son sexe, et répondit :

— Malgré la bonne foi dont tu te vantes, l'ami, et quoique je n'aie pas l'habitude de lire et de juger les livres de la nature de ceux que tu viens de me soumettre, je crois découvrir en toi quelque chose du colporteur, et quelque chose du picoreur (1).

— Peut-être une légère dose, dit Wayland en riant; mais écoute : ce soir ou demain matin, un vieillard viendra ici avec ton père. Il a le pas perfide du chat, l'œil perçant et malicieux du rat, les basses flatteries de l'épagneul, et le naturel féroce du dogue; prends garde à lui et pour ton bonheur et pour celui de ta maîtresse. Prends garde à lui, belle Jeannette; il cache le venin de l'aspic sous la prétendue innocence de la colombe. Je ne sais précisément quel est le crime qu'il médite; mais la maladie et la mort suivent ses pas. Ne dis rien de tout ceci à ta maîtresse : mes connaissances m'apprennent que dans son état la crainte d'un mal peut lui être aussi dangereuse que la réalité; mais veille à ce qu'elle fasse usage de mon spécifique. Car, continua-t-il en baissant

---

(1) *Picaroon;* du mot *picorée,* déprédation, maraude. — Ép.

la voix, et d'un ton solennel, c'est un antidote contre le poison. Écoutez ; ils entrent dans le jardin.

En effet on distinguait les accens d'une joie bruyante et d'une conversation animée; Wayland, à la première alarme, se cacha dans le fond d'un bosquet touffu ; et Jeannette se retira dans la serre, pour ne pas être vue et pour cacher, au moins pour le présent, les achats qu'on avait faits au prétendu colporteur.

Jeannette cependant n'avait aucune raison de s'inquiéter. Son père, le domestique de lord Leicester et l'astrologue entrèrent dans le jardin en tumulte et dans un embarras extrême. Ils cherchaient inutilement à apaiser Lambourne, à qui le vin avait complètement tourné la cervelle. Il avait le malheur d'être du nombre de ces gens qui, une fois pris de vin, ne se laissent pas aller au sommeil, comme font d'ordinaire les ivrognes, mais qui demeurent pendant fort long-temps sous l'influence de la liqueur, jusqu'à ce que, par de fréquentes libations, ils tombent dans une frénésie indomptable. Comme tant d'autres ivrognes, Lambourne ne perdait rien de la liberté de ses mouvemens ou de ses paroles ; au contraire, il parlait dans l'ivresse avec plus d'emphase et de facilité, et il racontait tout ce qu'il aurait voulu tenir secret dans d'autres momens.

— Quoi ! criait Michel de toute la force de ses poumons, vous n'allez pas me donner ma bienvenue, me faire faire quelque bombance, à moi qui vous amène la fortune dans votre chenil, sous la forme d'un cousin du diable, qui peut changer des morceaux d'ardoise en bonnes piastres espagnoles. Approche, Tony Allume-Fagots, papiste, puritain, hypocrite, avare, libertin, diable composé de tous les péchés des hommes ; approche, et prosterne-toi devant celui qui t'a amené le Mammon (1) que tu adores.

— Au nom de Dieu, dit Foster, parle bas; viens dans la maison, tu auras du vin et tout ce que tu demanderas.

— Non, vieux rustre, je veux l'avoir ici, criait de toute sa force le spadassin, ici, *al fresco*, comme disent les Italiens. Non, je ne veux pas boire entre deux murailles avec ce diable d'empoisonneur, pour être suffoqué par des vapeurs d'arsenic ou de vif-argent. Le traître Varney m'a appris à m'en défier.

— Au nom de tous les diables, donnez-lui du vin, dit l'alchimiste.

— Ah! ah! et tu l'épicerais, n'est-ce pas, bonne pièce (2)! Oui, j'y trouverais du vert-de-gris, de l'ellébore, du vitriol, de l'eau-forte, et vingt autres ingrédiens diaboliques, qui fermenteraient dans ma pauvre tête comme le philtre qu'une vieille sorcière fait bouillir dans son chaudron pour faire venir le diable. Donne-moi le flacon toi-même, vieux Tony Allume-Fagots, et que le vin soit frais; je ne veux pas qu'on le chauffe au bûcher des évêques. Ou attends. Que Leicester soit roi s'il veut. Bien. Et Varney, le scélérat Varney, le grand-visir. Excellent, ma foi. Et que serais-je, moi? empereur: oui, l'empereur Lambourne. Je verrai cette divine beauté qu'ils ont emprisonnée ici pour leurs secrets plaisirs. Je veux qu'elle vienne ce soir me servir à boire

---

(1) Le diable des richesses, selon l'Écriture. — Tr.

(2) Dans l'anglais *true penny*, vrai sou. Ancien mot qui du reste signifie familièrement *mon brave homme*, ou tout le contraire.
Ed.

et m'attacher mon bonnet de nuit. Que peut faire un homme de deux femmes, fût-il vingt fois comte? Réponds à tout cela, Tony, mon garçon, vieux chien, hypocrite; réprouvé que Dieu a effacé du livre de vie, mais qui es sans cesse tourmenté du désir d'y être replacé; vieux fanatique, blasphémateur, vieux brûleur d'évêques, réponds-moi à cela!

— Je vais lui enfoncer mon couteau dans le ventre jusqu'au manche, dit Foster à voix basse, et tremblant de colère.

— Pour l'amour de Dieu! point de violence, dit l'astrologue; il faut s'y prendre avec prudence. Voyons, Lambourne, mon brave, veux-tu trinquer avec moi à la santé du noble comte de Leicester et de Richard Varney?

— Certainement, mon vieux Albumazar, certainement, mon vieux vendeur de mort-aux-rats. Je t'embrasserais, mon honnête infracteur de la loi de Julia (comme on dit à Leyde), si tu n'avais pas une si abominable odeur de soufre et d'autres infernales drogues de cette espèce. Voyons, je suis prêt. A Varney et Leicester!... deux esprits plus noblement ambitieux, deux mécréans plus profonds, plus secrets, plus élevés, plus malicieux et plus... Bien. Je n'en dis pas davantage, mais celui qui refuse de me faire raison,... je lui plongerai mon poignard dans le cœur. Allons, mes amis!

En parlant ainsi, Lambourne acheva ce que l'astrologue lui avait versé, et qui contenait non du vin, mais une liqueur distillée. Il commença un jurement, laissa tomber la coupe vide, mit la main sur son sabre sans avoir la force de le tirer, chancela, et tomba privé de mouvement et de sentiment entre les bras des domestiques, qui l'emportèrent pour le mettre au lit.

Dans la confusion générale, Jeannette regagna la chambre de sa maîtresse sans être aperçue, tremblante comme une feuille, mais résolue de tenir cachés à la comtesse les soupçons terribles que les discours de Lambourne lui avaient inspirés. Ses craintes, sans être encore bien éclaircies, s'accordaient avec les avis du colporteur, et elle confirma sa maîtresse dans le dessein de prendre le remède de Wayland, ce qu'elle ne lui aurait probablement pas conseillé sans tout ce qui venait de se passer.

Les discours de Lambourne n'avaient pas non plus échappé à Wayland, qui pouvait les interpréter beaucoup mieux que Jeannette; sa compassion était fortement excitée en voyant qu'une femme aussi intéressante que la jeune comtesse, et qu'il avait vue pour la première fois au sein du bonheur domestique, était livrée aux machinations d'une pareille bande de scélérats. La voix de son ancien maître avait aussi réveillé chez lui et accru encore toute la haine et toute la crainte qu'il lui inspirait. Wayland avait aussi une assez grande confiance dans son adresse et dans ses propres ressources; et il forma le dessein, ce soir-là même, de pénétrer le fond de ce mystère, et de secourir la malheureuse comtesse s'il en était encore temps, quelque danger que pût offrir l'accomplissement de son projet. Quelques paroles échappées à Lambourne dans son ivresse firent douter à Wayland, pour la première fois, que Varney eût agi entièrement pour son compte en séduisant cette jeune beauté. Divers bruits tendaient à faire croire que ce serviteur zélé avait servi son maître dans d'autres intrigues amoureuses, et l'idée lui vint que Leicester lui-même pourrait bien être la partie la plus intéressée dans tout ceci. Il ne pouvait supposer que la fille du chevalier Robsart fût mariée avec le comte; mais la découverte même d'une intrigue passagère avec une dame du rang d'Amy était un secret de la plus haute importance, dont la révélation pouvait être fatale au favori d'Élisabeth.

— Quand Leicester, disait-il en lui-même, hésiterait à étouffer de pareils bruits par des moyens violens, il est entouré de gens qui lui rendraient ce service sans attendre son consentement. Si je veux me mêler de cette affaire, je dois m'y prendre comme mon ancien maître quand il compose sa manne de Satan, et me mettre un masque sur le visage. Ainsi je quitterai demain Giles Gosling, et je changerai de gîte aussi souvent qu'un renard poursuivi. Je désirerais aussi revoir cette petite puritaine; elle me paraît jolie et intelligente, pour la progéniture d'un aussi mauvais coquin que Tony Allume-Fagots.

Giles Gosling reçut les adieux de Wayland avec plus de plaisir que de regret. L'honnête aubergiste voyait tant de danger à contrarier les volontés du favori du comte de Leicester, que sa vertu suffisait à peine pour le soutenir dans cette épreuve; il protesta toutefois de sa bonne volonté et de son empressement à donner en cas de besoin à Tressilian, ou à son émissaire, tous les secours qui pourraient se concilier avec sa profession.

CHAPITRE XXI.

> « .... L'ambitieux doit craindre
> » De tomber au-delà du but qu'il veut atteindre. »
> SHAKSPEARE. *Macbeth.*

La splendeur des fêtes qui allaient être célébrées à Kenilworth était alors le sujet des entretiens de toute l'Angleterre. On avait rassemblé dans tout le pays, ou fait venir du continent, tout ce qui pouvait contribuer à ce que la reine trouvât tous les agrémens possibles au château de son premier favori.

Leicester semblait faire chaque jour des progrès dans les bonnes graces de la reine. Toujours à ses côtés dans les conseils, écouté avec plaisir pendant les heures consacrées aux amusemens de la cour, admis à une intimité presque familière, il recevait les hommages de tous ceux qui avaient quelque grace à attendre ; tous les ministres étrangers lui prodiguaient, au nom de leurs souverains, les plus flatteuses assurances de leur estime; enfin, selon toute apparence, il était *l'autre moi-même*, l'*alter ego* de la superbe Élisabeth, qui, supposait-on généralement, attendait le moment favorable pour l'associer au pouvoir suprême par le don de sa main.

Au milieu de tant de prospérités, le favori de la fortune et de la reine était probablement l'homme le plus malheureux d'un royaume qui paraissait entièrement à sa disposition. Il avait sur ses amis et sur ses créatures la supériorité du roi des fées, et voyait beaucoup de choses qui échappaient à leurs regards moins bien doués. Il connaissait parfaitement le caractère de sa maîtresse : c'était l'étude particulière qu'il avait faite de ses singularités aussi-bien que de ses vertus, qui, jointe aux puissans ressorts de son esprit et à l'éclat de ses perfections extérieures, l'avait élevé à ce haut degré de faveur ; c'était cette même connaissance du caractère d'Élisabeth qui lui faisait redouter à chaque pas quelque disgrace inattendue et accablante. Leicester ressemblait à un pilote qui tient une carte sur laquelle sont tracés tous les détails de sa navigation, mais lui révélant en même temps un si grand nombre de bas-fonds, d'écueils et de rochers à fleur d'eau, que tout l'avantage qu'en retirent ses yeux inquiets est de lui prouver qu'un miracle est son seul espoir de salut.

En effet la reine Élisabeth offrait en sa personne le mélange singulier d'une ame mâle et forte, et de ces faiblesses qui sont ordinairement l'apanage de son sexe. Ses sujets profitaient entièrement de ses vertus, qui l'emportaient de beaucoup sur ses défauts ; mais ses courtisans et ceux qui l'entouraient étaient souvent exposés à ses caprices et aux violences d'un esprit naturellement jaloux et despotique.

Mère tendre pour ses sujets, elle n'en était pas moins véritable fille de Henry VIII; et, quoique les souffrances de sa jeunesse et une excellente éducation eussent réprimé et modifié ses dispositions héréditaires, elles ne les avaient pas déracinées.

— Son esprit, dit son filleul, l'ingénieux sir John Harrington (1), qui avait tour à tour reçu les sourires et essuyé la mauvaise humeur dont il parle; — son esprit était souvent comme le vent léger qui vient de l'occident dans une matinée d'été; il était doux et frais pour tous ceux qui l'environnaient; ses discours gagnaient tous les cœurs; mais d'autres fois, lorsqu'elle croyait qu'on lui manquait d'obéissance ou de respect, elle s'exprimait de manière à rappeler de qui elle était fille. Ses sourires étaient comme la douce chaleur du soleil, dont chacun se disputait l'aimable influence; mais bientôt venait une tempête précédée de sombres nuages, et le tonnerre tombait alors sur tous sans distinction (2). —

Cette mobilité de caractère (comme Leicester ne

---

(1) Sir John Harrington était un poète. Sa traduction de l'*Orlando Furioso* en fait foi; mais les *concetti* italiens étaient surtout l'objet de son imitation. Ses épigrammes étincellent de ce genre d'esprit plus bizarre qu'original. Sa royale marraine l'avait boudé parce qu'Essex l'avait créé chevalier sur le champ de bataille, de sa propre autorité. Élisabeth était jalouse de donner elle-même toutes sortes de distinctions. Elle eût pu dire: *l'État, c'est moi.* — Éd.

(2) *Nugæ antiquæ*, vol. I, p. 355, 356, 362 (*).

(*) Cet ouvrage cité par l'auteur est le recueil des OEuvres diverses de sir John. — Éd.

l'ignorait pas) était surtout redoutable à ceux qui avaient une place dans les affections de la reine, et qui dépendaient plus de l'attachement qu'ils lui inspiraient que des services indispensables qu'ils pouvaient rendre à la couronne. La faveur de Burleigh ou de Walsingham, quoique bien moins éclatante que celle dont il jouissait lui-même, mais évidemment fondée sur le jugement d'Élisabeth, et non sur son caprice, était indépendante de l'inconstance dont étaient toujours menacés ceux qui n'avaient d'autres titres aux faveurs de la reine que leurs avantages personnels et le caprice de son cœur.

Ces grands et sages ministres n'étaient jugés par Élisabeth que d'après les mesures qu'ils suggéraient, et les raisons dont ils appuyaient leurs opinions dans le conseil; au lieu que le succès des desseins de Leicester dépendait de tous ces vents légers et inconstans de caprice ou d'humeur, qui contrarient ou favorisent les progrès d'un amant dans les bonnes graces de sa maîtresse. Dans Élisabeth on trouvait de plus une maîtresse qui craignait toujours d'oublier sa dignité et de compromettre le pouvoir de la reine en écoutant les affections de son sexe.

Leicester sentait de combien de périls était environné son pouvoir, — « trop grand pour qu'il pût le garder ou y renoncer (1). » — Lorsqu'il cherchait avec inquiétude les moyens de se maintenir dans une élévation si précaire, ou qu'il réfléchissait sur la voie à suivre pour en descendre sans danger, il ne voyait que peu d'espoir de réussir, quel que fût le parti pour lequel il se décidât.

C'était dans ces momens que ses pensées se repor-

---

(1) Citation de Shakspeare. — Éd.

taient sur son mariage secret et sur ses conséquences. C'était toujours avec un sentiment d'aigreur contre lui-même, sinon contre la malheureuse comtesse, qu'il s'accusait de s'être mis, par un mariage inconsidéré, dans l'impossibilité d'établir son pouvoir sur une base solide, et qu'il attribuait à ce qu'il appelait alors une passion irréfléchie le danger d'une chute prochaine.

— Chacun dit, pensait-il dans ces momens d'anxiété et de repentir, que je pourrais épouser Élisabeth et devenir roi d'Angleterre. Tout semble l'annoncer. Ce mariage est célébré dans les ballades, à la grande joie du peuple qui l'attend. On en a parlé dans les écoles; on se l'est dit à l'oreille jusque dans le salon de la reine. Les orateurs sacrés l'ont recommandé dans la chaire. On prie pour son accomplissement dans les églises calvinistes du continent; nos hommes d'état eux-mêmes en ont dit quelques mots dans le conseil. Ces insinuations hardies n'ont été démenties par aucune réprimande. A peine Élisabeth y a-t-elle répondu par sa protestation d'usage qu'elle voulait vivre et mourir vierge.

Elle connaît l'existence de ces bruits, et ses paroles sont plus affables que jamais! ses actions plus gracieuses, ses regards plus doux. Rien ne paraît me manquer pour devenir roi d'Angleterre, et me mettre à l'abri de l'inconstance des cours, que d'étendre la main pour saisir cette couronne royale, la gloire de l'univers! et c'est quand je pourrais avancer cette main le plus hardiment, qu'elle est enchaînée par un nœud secret et indissoluble. Voilà, ajoutait-il en les prenant avec humeur; voilà des lettres d'Amy, qui me persécute pour que je la reconnaisse ouvertement, pour que je lui rende justice, ainsi qu'à moi-même, et je ne sais quoi encore!

Il me semble que je n'ai été que trop peu juste envers moi-même. Et elle me parle comme si Élisabeth était prête à recevoir cette nouvelle avec le plaisir d'une mère qui apprend le mariage d'un fils chéri ! Elle ! la fille de ce Henry qui n'épargna aucun homme dans sa colère, et aucune femme dans ses désirs ; Élisabeth, abusée par une passion feinte jusqu'au point d'avouer son amour pour un sujet, trouverait ce sujet marié ! Elle apprendrait qu'on s'est joué d'elle comme un courtisan peut le faire d'une pauvre villageoise. Ce serait alors que nous verrions ce que peut faire une femme en fureur (1) ! —

Il s'arrêtait alors, et appelait Varney, auquel il demandait conseil plus fréquemment que jamais, à cause des objections que le comte se souvenait lui avoir entendu opposer à son engagement secret. Ils terminaient toujours leurs entretiens en se consultant sur la manière dont la comtesse pourrait être présentée à Kenilworth. Ces délibérations, pendant quelque temps, avaient eu pour résultat de différer le voyage de la reine de jour en jour; mais enfin une décision définitive devint nécessaire.

— Élisabeth ne sera pas satisfaite à moins de la voir, dit le comte. Je ne sais si elle a conçu quelques soupçons, comme mes craintes me le font présager, ou si Sussex, ou quelque autre de mes ennemis secrets, lui rappelle sans cesse la pétition de Tressilian ; mais au milieu des expressions de bonté dont elle m'honore, elle en revient souvent à l'histoire d'Amy Robsart. Je crois qu'Amy est l'esclave placé auprès de mon char par ma mauvaise fortune, pour troubler mon triomphe dans le

(1) *Furens quid femina possit.*

moment le plus glorieux. Donne-moi quelque moyen, Varney, pour me tirer de ce pas difficile. J'ai fait, pour différer ces maudites fêtes, toutes les objections que je pouvais proposer avec une ombre de vraisemblance; mais l'entrevue d'aujourd'hui ne me permet plus de rien espérer que du hasard. Élisabeth m'a dit avec douceur, mais d'un ton absolu : — Nous ne voulons pas vous donner plus de temps pour vos préparatifs, milord, de peur que vous ne vous ruiniez entièrement. Samedi, 9 juillet, nous serons chez vous à Kenilworth. Nous vous prions de n'oublier aucun des hôtes que nous vous avons demandés, et surtout cette jolie volage Amy Robsart : nous désirons voir la femme qui a pu préférer au poète Tressilian votre serviteur Richard Varney. — Ainsi, Varney, aie recours à ton imagination, qui nous a été si souvent utile : car, aussi sûr que mon nom est Dudley, le danger dont m'a menacé mon horoscope s'apprête à fondre sur moi.

— Ne pourrait-on, d'aucune manière, persuader à milady de remplir, pendant quelques instants, le rôle obscur que lui imposent les circonstances? demanda Varney après un moment d'hésitation.

— Comment, misérable, la comtesse passer pour ta femme! Cela ne peut s'accorder ni avec mon honneur ni avec le sien.

— Hélas ! milord, c'est pourtant en cette qualité qu'Élisabeth la connaît. La détromper ce serait risquer de tout découvrir.

— Pense à quelque autre moyen, Varney, dit le comte extrêmement agité; celui-ci ne peut servir. J'y consentirais, qu'elle s'y refuserait; car je t'apprendrai, Varney, si tu ne le sais pas encore, qu'Élisabeth sur le trône n'a pas plus de fierté que cette fille d'un gentilhomme obscur du comté de Devon. Elle est docile, il est vrai, le plus souvent ; mais croit-elle son honneur intéressé, elle s'enflamme et éclate avec la promptitude de la foudre.

— Nous l'avons éprouvé, milord ; sans cette susceptibilité nous ne nous trouverions pas dans l'embarras. Je ne sais à quelle autre invention il faudra avoir recours. Il me semble que celle qui fait naître le danger devrait contribuer autant qu'il est en son pouvoir à le détourner.

— C'est impossible, dit le comte en faisant un signe de la main. Je ne connais ni autorité ni prince qui pussent la résoudre à porter ton nom pendant une heure.

— C'est un peu dur cependant, dit Varney d'un ton sec ; et, sans s'arrêter sur ce sujet, il ajouta : Si on choisissait quelque autre personne pour la remplacer ? De pareilles choses se sont passées sous les yeux de monarques aussi clairvoyans que la reine Élisabeth.

— Autre folie, Varney, répondit le comte ; la fausse Amy serait confrontée avec Tressilian, et la découverte serait inévitable.

— On pourrait éloigner Tressilian de la cour, dit Varney sans hésiter.

— Et par quels moyens ?

— Il y en a une infinité dont un homme d'état dans votre situation peut se servir pour éloigner de la scène un homme qui épie vos secrets, et qui vous montre une opposition dangereuse.

— Ne me parle pas d'une pareille politique, Varney ; d'ailleurs, dans le cas actuel, elle ne servirait à rien.

Il peut y avoir à la cour beaucoup d'autres personnes qui aient vu Amy; et, en l'absence de Tressilian, on ferait venir sur-le-champ son père ou quelques-uns de ses amis. Consulte encore ton génie inventif.

— Je ne sais plus que proposer, milord; mais si je me trouvais dans une perplexité pareille, je volerais à Cumnor-Place, et je forcerais mon épouse à donner son consentement aux mesures que sa sûreté et la mienne exigeraient.

— Varney, je ne puis la presser de consentir à ce qui répugnerait à la noblesse de son caractère. Ce serait mal reconnaître l'amour qu'elle a pour moi.

— Eh bien, milord, vous êtes un homme sage, un homme d'honneur; mais cette délicatesse et ces scrupules romanesques peuvent avoir cours en Arcadie, comme l'écrit votre neveu Sidney. Votre humble serviteur est un homme de ce monde, assez heureux pour que Votre Seigneurie n'ait pas dédaigné de se servir de la connaissance qu'il en a. Maintenant je voudrais savoir si dans cette union fortunée l'obligation se trouve de votre côté ou de celui de milady, et qui des deux a le plus de motifs de montrer de la complaisance et de prendre en considération les désirs, la convenance et la sécurité de l'autre?

— Je te répète, Varney, que tout ce qu'il a été en mon pouvoir de lui donner n'était pas seulement mérité, mais mille fois au-dessous de ses charmes et de sa vertu; car jamais la grandeur ne devint le partage d'une créature plus digne de l'orner et de l'embellir.

— Il est fort heureux, monseigneur, reprit Varney avec un sourire sardonique que son respect ne pouvait pas toujours réprimer; il est fort heureux que vous soyez ainsi satisfait. Vous aurez tout le temps de jouir d'une société aussi délicieuse, c'est-à-dire aussitôt que se terminera l'emprisonnement qui pourra paraître proportionné au crime d'avoir trompé les affections d'Élisabeth Tudor. Vous n'espérez pas, je présume, en être quitte à meilleur marché.

— Malicieux démon, oses-tu bien me railler dans mon malheur! répondit Leicester. Arrange tout comme tu l'entendras.

— Si vous parlez sérieusement, monseigneur, il faut partir pour Cumnor-Place sur-le-champ à franc-étrier, répliqua Varney.

— Vas-y toi-même, Varney. Le diable t'a donné cette sorte d'éloquence qui plaide le mieux dans une mauvaise cause. Mon front trahirait la lâcheté de mon ame si j'osais proposer une pareille fraude. Va-t'en, te dis-je! faut-il que je te presse de faire mon propre déshonneur?

— Non, milord, dit Varney; mais, si vous voulez sérieusement me confier le soin de faire adopter cette mesure indispensable, il faut me donner pour ma noble maîtresse un écrit qui me serve de lettre de créance; et comptez que je saurai appuyer cet avis de toute mon éloquence. Telle est mon opinion de l'amour de ma maîtresse pour Votre Seigneurie, et de son désir de faire tout ce qui peut contribuer à vous plaire, que je suis sûr qu'elle consentira à porter pendant quelques jours un nom aussi humble que le mien, d'autant plus d'ailleurs qu'il ne le cède en rien pour l'ancienneté à celui de sa famille.

Leicester prit la plume, et commença deux ou trois lettres à la comtesse, qu'il déchira sans les achever. Enfin il traça quelques lignes sans suite, dans lesquelles il conjurait Amy, par des motifs secrets qui intéressaient sa vie et son honneur, de consentir à porter le nom de Varney pendant les fêtes de Kenilworth. Il ajoutait que Varney lui communiquerait les raisons qui rendaient cette déception indispensable; et, ayant signé et scellé ces dépêches, il les jeta par-dessus la table à Varney, avec un geste qui lui intimait l'ordre de partir sur-le-champ; ordre que son conseiller ne tarda pas à comprendre ni à exécuter.

Leicester demeura comme un homme pétrifié jusqu'à ce qu'il entendit le galop des chevaux; car Varney, sans se donner le temps de changer de costume, se mit en selle; et, suivi d'un seul domestique, partit à toute bride pour le comté de Berks. A ce bruit, le comte se leva précipitamment et courut vers la fenêtre avec l'intention momentanée de révoquer l'indigne message qu'il venait de confier à un homme dont il avait coutume de dire qu'il ne lui connaissait aucune vertu, excepté son attachement à son protecteur. Mais Varney était déjà hors de la portée de la voix, et l'aspect du firmament étoilé, que ce siècle regardait comme le livre des destins, fit oublier au comte ce retour sur lui-même et ce sentiment généreux.

— Les voilà qui poursuivent leur cours silencieux, dit le comte, ces astres muets, mais dont l'influence puissante se fait sentir à tous les habitans de notre planète. Si les astrologues n'en imposent pas, voici la crise de mes destinées. L'heure approche, l'heure que je dois redouter et désirer en même temps, m'a-t-on dit. — ROI était le mot. — Mais comment? La couronne d'Élisabeth? Tout mon espoir s'est évanoui de ce côté. Eh bien ! j'y renonce : les riches provinces des Pays-Bas me demandent pour leur chef; et, si Élisabeth y consentait, elles m'offriraient leur couronne. Et n'ai-je pas des droits au diadème,.... même dans ce royaume, si Élisabeth n'était plus? Je suis de la famille d'Huntingdon, à qui la maison d'York a transmis ses prétentions par George de Clarence..... Mais je ne veux pas pénétrer plus avant ces mystères importans; il faut que pendant quelque temps encore je continue ma carrière dans le silence et l'obscurité comme un fleuve souterrain; le temps viendra que je m'élancerai dans toute ma force, et que j'entraînerai tout ce qui s'opposera à mon passage.

Pendant que Leicester cherchait à donner le change à sa conscience en s'excusant par une prétendue nécessité politique, et qu'il s'égarait dans les rêves extravagans de l'ambition, son agent se rendait en toute hâte à sa destination. Varney avait aussi de hautes espérances; il avait amené Leicester au point où il voulait; le comte lui découvrait les secrets les plus cachés de son cœur, et se servait de lui pour ses relations les plus confidentielles avec son épouse; il voyait que dorénavant son protecteur ne pourrait plus se passer de ses services ni refuser ses demandes, quelque déraisonnables qu'elles pussent être; et, si cette dédaigneuse dame, comme il appelait la comtesse, accédait à la demande de Leicester, Varney, son prétendu mari, se trouverait si étrangement placé à son égard qu'il ne voyait point de bornes à son audace;..... peut-être même espérait-il obtenir un triomphe auquel il songeait avec un mélange de sentimens diaboliques, parmi lesquels la vengeance des anciens mépris qu'il avait essuyés tenait le premier rang.

Il supposait aussi la possibilité de la trouver tout-à-fait intraitable, et de ne pouvoir la déterminer à remplir le rôle qui lui était assigné dans le drame de Kenilworth.

— En ce cas, Alasco jouera son rôle, pensa-t-il ; la maladie sera l'excuse de mistress Varney auprès de Sa Majesté, si elle ne peut aller lui offrir ses hommages. Oui, et ce sera probablement une longue et dangereuse maladie, si la reine continue à regarder lord Leicester d'un œil aussi favorable. Je ne renoncerai pas aisément à devenir le favori d'un monarque. En avant, mon bon cheval : l'ambition, l'espoir du plaisir et de la vengeance percent mon cœur de leurs aiguillons comme j'enfonce mes éperons dans tes flancs poudreux, avançons, mon bon cheval, avançons ; le diable nous pousse tous deux.

CHAPITRE XXIII.

―――

> « Si tu dédaignes les appas
> « De celle qui te fut si chère,
> « Cruel, il ne fallait donc pas
> « M'enlever à mon pauvre père.
>
> » Tous mes regrets sont superflus :
> » Jamais une si longue absence
> » Ne me priva de ta présence ;
> » Je le vois, tu ne m'aimes plus. »
>
> W. Julius Mickle. *Le Château de Cumnor.*

Les dames à la mode de nos jours doivent convenir que la jeune et charmante comtesse de Leicester avait, outre sa jeunesse et sa beauté, deux qualités qui lui méritaient à juste titre une place parmi les femmes de distinction : nous l'avons vue déployer, dans son entrevue avec le colporteur, un grand empressement à faire des emplettes inutiles, seulement pour le plaisir de se procurer ces brillans colifichets qui cessent de plaire aussi-

qu'on les possède. Elle avait de plus un véritable [pen]chant à passer chaque jour un temps considérable à [se] parer, quoique la riche variété de ses atours ne pût attirer que les louanges à moitié satiriques de la [scr]upuleuse Jeannette, ou un regard approbateur de [se]s yeux brillans qui voyaient leur propre éclat réfléchi [dan]s le miroir. La comtesse Amy pouvait, à la vérité, [don]ner une excuse pour la frivolité de ses goûts; l'édu[ca]tion qu'on recevait dans ce temps-là n'avait pu faire [qu]e peu de chose pour un esprit naturellement léger et [en]nemi de l'étude. Si elle n'eût pas aimé la parure, elle [au]rait pu faire de la tapisserie ou des broderies, et dé[co]rer de ses propres ouvrages les murs, les meubles du [ch]âteau de Lidcote, ou se distraire de ces travaux par [les] soins de préparer un énorme pouding pour l'instant [où] sir Hugh Robsart revenait de la chasse; mais Amy [n'a]vait naturellement aucun goût ni pour le métier ni [po]ur l'aiguille, ni pour la tenue des livres. Elle avait [pe]rdu sa mère étant encore enfant; son père ne la con[tre]disait jamais en rien, et Tressilian, qui seul était ca[pa]ble de cultiver son esprit, s'était fait beaucoup de tort [da]ns son opinion pour s'être trop empressé à exercer au[pr]ès d'elle l'emploi de précepteur; aussi cette jeune per[so]nne, dont la vivacité et les volontés ne rencontraient [ja]mais d'opposition, le regardait avec quelque crainte et [be]aucoup de respect; mais elle n'éprouva jamais pour [lui] ce sentiment plus doux qu'il aurait voulu lui inspi[re]r. Dans une telle situation, le cœur d'Amy était bien [dis]posé, et Leicester captiva aisément son imagination [pa]r son extérieur noble, ses manières gracieuses et ses [fla]tteries adroites, avant même qu'elle le connût pour le [fav]ori de la richesse et du pouvoir.

Les fréquentes visites de Leicester à Cumnor-Place, dans les premiers temps de leur union, avaient rendu supportables à la comtesse la solitude et la retraite à laquelle elle était condamnée. Mais quand ces visites devinrent de plus en plus rares, quand ce vide ne fut rempli que par des lettres d'excuses qui n'étaient pas toujours l'expression d'une tendre affection, et généralement très-courtes, le mécontentement et le soupçon commencèrent à s'introduire dans ces appartemens splendides que l'amour avait préparés pour la beauté. Les réponses d'Amy à Leicester laissaient trop voir ses sentimens; elle le pressait avec plus de franchise que de prudence de la délivrer enfin de cette obscure retraite, par la publication solennelle de son mariage; et en disposant ses argumens avec toute l'adresse dont elle était capable, elle se fiait principalement à la chaleur des supplications dont elle les appuyait. Quelquefois même elle se hasardait à y mêler des reproches dont Leicester croyait avoir quelque raison de se plaindre.

— Je l'ai faite comtesse, disait-il à Varney; il me semble qu'elle pourrait bien attendre, pour en prendre la couronne (1), que cela pût s'accorder avec mon bon plaisir.

La comtesse Amy voyait les choses sous un tout autre point de vue.

— A quoi me sert, disait-elle, d'avoir en réalité le rang et les honneurs, si je dois vivre ici prisonnière, obscure, sans aucune société, et souffrant que la médisance attaque chaque jour ma réputation? Je ne me soucie guère de toutes ces perles dont tu ornes les tresses

---

(1) *Coronet*, la petite couronne de comte dans le blason. — Ép.

de mes cheveux, Jeannette. Je te dis que dans le château de Lidcote je n'avais qu'à y placer une rose nouvelle, et mon père m'appelait vers lui pour pouvoir la contempler de plus près; le bon vieux curé souriait, et Mumblazen, qui ne pensait qu'au blason, parlait de *roses de gueules*. Maintenant me voici ornée d'or et de pierreries comme une relique, sans avoir aucune autre personne que toi pour voir ma parure, Jeannette. Il y avait aussi le pauvre Tressilian;... mais il est inutile d'en parler aujourd'hui.

— En effet, madame, cela est inutile, répondit sa prudente suivante, et véritablement vous me faites quelquefois désirer de ne pas vous en entendre parler si souvent ou si étourdiment.

— Tes remontrances sont hors de saison, Jeannette; je suis née libre quoique maintenant enchaînée, plutôt comme une belle esclave étrangère que comme l'épouse d'un seigneur anglais. J'ai supporté tout avec plaisir lorsque j'étais sûre de son amour, mais maintenant ils ont beau tenir mon corps dans l'esclavage; mon cœur et ma langue seront libres. Je le répète, Jeannette, j'aime mon époux; je l'aimerai jusqu'à mon dernier soupir; je ne pourrais cesser de l'aimer quand même je le voudrais; et si lui-même cessait de m'aimer !..... Dieu sait si je dois connaître ce cruel malheur. Mais je dirai hautement que j'aurais été plus heureuse si je fusse restée à Lidcote; quand même j'y serais devenue la femme du pauvre Tressilian, au regard mélancolique, et qui avait la tête pleine d'un savoir dont je ne me souciais guère. Il disait que si je voulais lire ses livres tant chéris, il viendrait un temps où je serais bien aise d'avoir suivi son conseil. Je crois que ce temps-là est arrivé.

— Madame, dit Jeannette, je vous ai acheté quelques livres d'un boiteux qui les vendait dans la place du marché, et qui m'a regardée d'une manière bien hardie, je vous assure.

— Voyons-les, Jeannette, dit la comtesse ; mais surtout que ce ne soient pas des livres de ta secte précisienne... Quels sont ceux-ci, ma dévote suivante ? *Une paire de mouchettes pour le chandelier d'or ; — Une poignée de Myrrhe et d'Hysope pour purger l'ame malade ; — Un verre d'eau de la vallée de Baca ; — Les Renards et les Torches.* — Comment appelles-tu ce fatras, ma fille ?

— Hélas ! madame, dit Jeannette, il était de mon devoir de placer d'abord la grace devant vous ; mais si vous la rejetez, voici des pièces de théâtre et des livres de poésie, je pense.

La comtesse commença nonchalamment son examen, et rejeta maints précieux volumes qui feraient de nos jours la fortune de vingt bouquinistes ; il y avait : un — *Livre de Cuisine, imprimé par Richard Lant ; — Les œuvres de Skelton ; — Le Passe-Temps du Peuple ; — Le château de la Science,* — etc., mais ce genre de littérature ne convenait pas davantage au goût d'Amy ; quand tout à coup un bruit de chevaux se fit entendre dans la cour, la comtesse se leva avec joie, abandonna son ennuyeuse occupation de feuilleter de vieux bouquins, et, les laissant tomber sur le plancher, elle courut à la fenêtre en s'écriant : — C'est Leicester ! c'est mon noble comte ! c'est mon Dudley ! chaque pas de son cheval retentit comme le son le plus harmonieux.

Il y eut dans la maison un moment de tumulte, et Foster entra chez la comtesse avec son air de mauvaise humeur, pour lui dire que maître Richard Varney arrivait avec les ordres de milord, après avoir couru toute la nuit, et qu'il demandait à parler à milady sur-le-champ.

— Varney? Et pour me parler? Mais il vient avec des nouvelles de Leicester, ainsi fais-le entrer sur-le-champ.

Varney entra dans le cabinet de toilette, où Amy était assise parée de tous ses charmes naturels, et de tout ce qu'y avait pu ajouter l'art de Jeannette, par un négligé à la fois riche et élégant. Mais son plus bel ornement était sa belle chevelure, dont les boucles nombreuses flottaient autour d'un cou blanc comme celui d'un cygne, et sur un sein agité par l'attente qui avait communiqué une rougeur animée à tous ses attraits.

Varney s'offrit à elle dans le même costume avec lequel il avait accompagné son maître ce jour même à la cour, et dont la magnificence contrastait singulièrement avec le désordre produit par un voyage si précipité, dans une nuit obscure et par de mauvais chemins. Son front avait une expression d'inquiétude et d'embarras comme celui d'un homme chargé d'annoncer des choses qu'il ne croit pas devoir être bien accueillies, mais que la nécessité de les communiquer a fait accourir en toute hâte. La comtesse prit tout d'un coup l'alarme, et elle s'écria : — Vous m'apportez des nouvelles de milord, Varney? Grand Dieu! serait-il malade?

— Non, madame, grace au ciel, dit Varney; calmez-vous, et permettez-moi de reprendre haleine avant de vous communiquer mon message.

— Point de retard, monsieur, reprit la comtesse; je connais tous vos artifices de théâtre; puisque votre haleine a suffi pour vous amener jusqu'ici, elle vous suffira pour me raconter ce que vous avez à me dire, au moins en gros et brièvement.

— Madame, répondit Varney, nous ne sommes pas seuls, et le message de milord n'est que pour vous seule.

— Laissez-nous Jeannette, et vous aussi, M. Foster, dit-elle; mais restez dans la chambre voisine, à portée de m'entendre.

Foster et sa fille se retirèrent donc, conformément aux ordres de lady Leicester, dans la pièce voisine, qui était le salon. La porte de la chambre à coucher fut alors soigneusement fermée à la clef et aux verrous; et le père et la fille restèrent, le premier avec une attention farouche et soupçonneuse, et Jeannette, les mains jointes, partagée entre le désir de connaître le sort de sa maîtresse, et les prières qu'elle offrait au ciel pour sa sûreté. On eût dit que Tony Foster lui-même avait quelque idée de ce qui se passait dans l'esprit de sa fille, car il traversa l'appartement, et lui dit en lui prenant la main : — Tu as raison; prie, Jeannette, prie; nous avons besoin de prières, et quelques-uns d'entre nous plus que les autres; je prierais moi-même, si je ne voulais prêter l'oreille à ce qui se passe là-dedans : quelque malheur se prépare, ma chère; quelque malheur approche. Dieu nous pardonne nos péchés; mais l'arrivée subite de Varney ne présage rien de bon.

C'était la première fois que Jeannette entendait son père l'exciter à faire attention à ce qui se passait dans ce séjour du mystère. Sa voix retentissait à son oreille, comme celle du funeste hibou qui prédit la terreur et le deuil. Elle tourna les yeux vers la porte avec crainte, comme si elle se fût attendue à des sons d'horreur, ou à quelque spectacle d'effroi.

Cependant tout était parfaitement tranquille, et ceux qui s'entretenaient dans la chambre, le faisaient d'une voix si basse qu'on ne pouvait distinguer leurs paroles. Tout d'un coup on les entendit parler à mots précipités, et bientôt après la comtesse, avec l'accent de la plus violente indignation, s'écria : — Ouvrez la porte, monsieur; je vous l'ordonne! ouvrez la porte! point de réplique! continua-t-elle, couvrant par ses cris la voix étouffée de Varney, qu'on pouvait distinguer de temps en temps. Sortez, sortez, vous dis-je; Jeannette appelle au secours! Foster, brisez la porte. Je suis retenue ici par un traître. Employez hache et levier, M. Foster, je serai votre caution!

—Cela n'est pas nécessaire, madame, dit à la fin Varney de manière à être entendu. Si vous voulez exposer les importans secrets de milord et les vôtres devant tout le monde, je ne prétends point vous en empêcher.

Les verrous furent tirés; la porte s'ouvrit, et Jeannette et son père se précipitèrent avec inquiétude dans 'appartement, pour apprendre la cause de ces exclamations réitérées.

Quand ils entrèrent, Varney était debout près de la porte, grinçant des dents avec une expression dans laquelle étaient peints des sentimens opposés de rage, de honte et de crainte. La comtesse était au milieu de son appartement, comme une jeune pythonisse sous l'influence de la fureur prophétique.

Les veines bleues de son beau front s'étaient gonflées. Ses joues et sa gorge étaient rouges comme l'écarlate; ses yeux étaient ceux d'un aigle emprisonné qui lancent des éclairs sur les ennemis qu'il ne peut atteindre de ses serres. S'il était possible à une des Graces d'être excitée par une furie, sa figure ne pourrait réunir plus d'attraits, avec autant de haine, de mépris, de fierté et de colère. Les gestes d'Amy, et son attitude répondaient à sa voix et à son regard; son aspect imposant n'était pas sans beauté, tant l'énergie de l'indignation avait ajouté de traits sublimes aux charmes naturels de la comtesse. Jeannette, aussitôt que la porte s'ouvrit, courut à sa maîtresse, et Foster, avec plus de lenteur que sa fille, mais cependant plus vite que de coutume, s'approcha de Richard Varney.

— Au nom de la vérité, qu'est-il arrivé à Votre Seigneurie? demanda Jeannette.

— Au nom de Satan, que lui avez-vous fait? dit Foster à son ami.

— Qui, moi? Rien, répondit Varney la tête baissée et de mauvaise humeur; j'ai dû lui communiquer les ordres de son époux; et si milady ne veut pas s'y conformer, elle sait ce qu'il faut répondre mieux que je ne puis le faire.

— Jeannette, j'en atteste le ciel, dit la comtesse, le traître en a menti par la gorge; il ne peut que mentir, puisque ce qu'il dit outrage l'honneur de mon noble époux; il ment doublement, puisqu'il ne parle que pour favoriser un dessein également exécrable et impraticable.

— Vous m'avez mal compris, milady, dit Varney avec une espèce de soumission; laissons cet entretien jusqu'à ce que votre colère soit passée. Alors je vous satisferai sur tous les points.

— Tu n'en auras jamais l'occasion, dit-elle à Varney; regarde-le, Jeannette, il est bien habillé, il a l'extérieur d'un gentilhomme, et il est venu ici pour me persuader que c'était le plaisir de mon seigneur, l'ordre de mon époux légitime, que je partisse avec lui pour Kenilworth, et que là, devant la reine et les nobles, en présence de mon époux, je le reconnusse lui, lui qui est là, cet homme qui brosse les habits, qui nettoie les bottes, qui est le laquais de milord! que je le reconnusse pour mon maître, pour mon mari! Grand Dieu! Je fournirais donc contre moi-même des armes quand je voudrais réclamer mes droits et mon rang! Je renoncerais à ma réputation d'honnête femme! Je détruirais mon titre à prendre place parmi les respectables dames de la noblesse anglaise!

— Vous l'entendez, Foster; et vous, jeune fille, entendez-la, dit Varney, profitant d'un moment de silence dont la cause était le besoin qu'avait la comtesse de respirer, plutôt qu'une diminution de sa colère; vous en êtes témoins, elle ne me reproche que le plan de conduite que notre bon maître suggère dans la lettre qu'elle tient à présent dans ses mains, vu la nécessité où il est de garder certain secret.

Foster essaya ici d'intervenir avec un air d'autorité qu'il croyait convenir au poste qu'on lui avait confié.

— Oui, milady, je dois avouer que vous êtes trop prompte dans cette circonstance. Une pareille fraude n'est pas entièrement condamnable, lorsqu'en la commettant on n'a qu'un but pieux. Ce fut ainsi que le patriarche Abraham feignit que Sara était sa sœur, lorsqu'ils allèrent en Égypte.

— Oui, monsieur, dit la comtesse; mais Dieu réprouva cette imposture, même dans le père de son peuple, par la bouche du païen Pharaon. Honte à vous qui ne lisez les Écritures que pour faire une fausse application des choses qui y sont contenues comme des exemples, non à suivre, mais à éviter.

— Mais Sara ne s'opposa point à la volonté de son époux, sous votre bon plaisir, dit Foster ; elle fit ce qu'Abraham ordonnait en prenant le nom de sa sœur pour l'intérêt de son époux, et afin que la beauté de son corps ne fût pas une cause de perdition pour son ame.

— Maintenant, que le ciel me pardonne mon inutile courroux, répondit la comtesse ; tu es un hypocrite aussi hardi que cet autre là-bas est un fourbe impudent. Jamais je ne pourrai croire que le noble Dudley ait donné son approbation à un dessein si déshonorant. C'est ainsi que je foule aux pieds son infamie :... s'il en est véritablement coupable, j'en détruis à jamais le souvenir.

En parlant ainsi elle déchira la lettre de Leicester, et la foula aux pieds dans l'excès de son impatience, comme si elle eût voulu en anéantir jusqu'aux moindres fragmens.

— Soyez témoins, dit Varney en reprenant son assurance ; soyez témoins qu'elle a déchiré la lettre de milord, afin de rejeter sur moi le projet qu'il a lui-même imaginé. Elle voudrait que je fusse le seul coupable, quand je n'ai aucun intérêt personnel dans tout ceci.

— Tu mens, détestable fourbe ! dit la comtesse malgré tous les efforts que faisait Jeannette pour lui faire garder le silence, prévoyant tristement que sa violence ne servirait qu'à fournir des armes contre elle-même. Tu mens, continua-t-elle. Laisse-moi Jeannette. — Quand ce serait ma dernière parole, il ment. Il a voulu en venir à son but infame, et il l'eût fait plus ouvertement encore si ma colère m'eût permis de garder le silence qui l'avait d'abord encouragé à découvrir ses vils projets.

— Madame, dit Varney, confondu en dépit de son effronterie, je vous supplie de croire que vous êtes dans l'erreur.

— Je croirai plutôt que le jour est la nuit! Ai-je donc oublié? Ne me rappelé-je pas des trahisons qui, connues de Leicester, t'eussent valu l'infamie du gibet au lieu de l'honneur de son intimité? Que ne suis-je un homme seulement cinq minutes! ce temps suffirait pour arracher d'un lâche comme toi l'aveu de sa scélératesse. Mais va-t'en! sors d'ici! et dis à ton maître que lorsque je suivrai le chemin honteux dans lequel me conduirait nécessairement l'imposture que tu me conseilles en son nom, je lui donnerai un rival un peu plus digne de ce titre. Il ne sera pas supplanté par un ignominieux laquais, dont le plus grand bonheur est d'attraper les habits de son maître avant qu'ils soient entièrement usés, et qui n'est bon qu'à séduire quelque fille de faubourg par l'élégance d'une nouvelle rosette ajoutée aux vieux souliers de son maître. Va, te dis-je, sors d'ici; je te méprise tant que je suis honteuse de ma colère contre toi.

Varney quitta la chambre, avec une expression de rage muette. Il fut suivi par Foster, dont l'esprit naturellement lourd fut pour ainsi dire accablé par ce torrent d'indignation impétueuse, sorti des lèvres d'une jeune personne qui avait jusqu'alors paru assez douce, et trop indolente pour nourrir une pensée de colère ou se livrer à un transport d'indignation.

Foster poursuivit Varney de chambre en chambre, le

persécutant de questions, auxquelles l'autre ne répondit que lorsqu'ils furent arrivés dans la vieille bibliothèque avec laquelle le lecteur a déjà fait connaissance. Là Varney se tourna vers le vieux puritain, et répondit enfin avec une certaine assurance, quelques instans ayant suffi à un homme aussi habitué que lui à commander à ses émotions, pour se reconnaître et recouvrer sa présence d'esprit.

— Tony, dit-il avec son ironie habituelle, je ne puis le nier, la femme et le diable, qui, comme ton oracle Holdforth pourra te le confirmer, trompèrent l'homme au commencement du monde, ont triomphé aujourd'hui de ma discrétion. Cette petite furie avait l'air si tentant, elle a eu l'art de se contenir si naturellement pendant que je lui communiquais le message de Monseigneur, que, sur ma foi, je m'imaginai que je pouvais glisser quelques mots pour moi. Elle croit avoir ma tête sous sa ceinture, mais elle se trompe. Où est le docteur?

— Dans son laboratoire, dit Foster; c'est l'heure où on ne peut lui parler. Il faut attendre que midi soit passé, si nous ne voulons détruire ses études importantes; que dis-je, importantes! ses divines études.

— Oui, il étudie la théologie du diable, dit Varney. Mais, quand je veux lui parler, toutes les heures sont bonnes. Conduis-moi à son *Pandemonium* (1).

Ainsi parla Varney, et d'un pas accéléré, d'un air embarrassé, il suivit Foster, qui le conduisit à travers des corridors dont plusieurs étaient près de tomber en ruines, jusqu'à l'appartement souterrain alors occupé

(1) On sait que c'est le nom du palais improvisé de Satan dans le *Paradis perdu*. — Éd.

par le chimiste Alasco; c'était là qu'autrefois un des abbés d'Abingdon, passionné pour les sciences occultes, avait, au grand scandale de son couvent, établi un laboratoire dans lequel, comme beaucoup d'autres insensés de ce siècle, il avait perdu un temps précieux et dépensé en outre une grosse somme à la recherche du grand secret.

Tony Foster s'arrêta devant la porte, soigneusement fermée en dedans, et manifesta de nouveau une hésitation marquée. Mais Varney, moins scrupuleux, à force de cris et de coups répétés, arracha le sage à ses travaux. Alasco ouvrit la porte de la chambre lentement et avec répugnance; ses yeux étaient enflammés et obscurcis par la chaleur et les vapeurs de l'alambic sur lequel il méditait; l'intérieur de son laboratoire offrait à la vue le confus assemblage de substances hétérogènes et d'ustensiles extraordinaires. Le vieillard murmura avec impatience :

— Serai-je donc toujours rappelé des affaires du ciel à celles de la terre?

— A celles de l'enfer! dit Varney, car c'est là ton élément. Foster, nous avons besoin de toi à notre conférence.

Foster entra lentement dans la chambre; Varney, qui le suivait, ferma la porte, et ils se mirent à délibérer secrètement.

Pendant ce temps, la comtesse se promenait dans son appartement; la honte et la crainte étaient peintes sur son beau visage.

— Le scélérat, disait-elle, le traître, le lâche intrigant! Mais je l'ai démasqué, Jeannette, j'ai attendu que le serpent déroulât devant moi tous ses replis, et parût rampant dans toute sa difformité. J'ai suspendu mon ressentiment au risque d'étouffer de contrainte, jusqu'à ce qu'il m'eût découvert le fond d'un cœur plus noir que l'abîme le plus ténébreux de l'enfer. Et toi, Leicester, as-tu pu m'ordonner de nier un seul instant les droits légitimes que j'ai sur toi, ou les céder toi-même à un autre? Mais c'est impossible. Le scélérat a menti en tout. Jeannette, je ne veux pas rester ici plus long-temps. Je crains Varney, je crains ton père. Oui, Jeannette, je le dis à regret, je crains ton père, mais par-dessus tout cet odieux Varney. Je veux fuir de Cumnor.

— Hélas! madame, où pourriez-vous fuir? et par quels moyens vous échapperez-vous de ces murs?

— Je ne sais, Jeannette, dit l'infortunée Amy en tournant les yeux vers le ciel et en joignant les mains; je ne sais où je fuirai, ni par quels moyens je pourrai fuir; mais je suis certaine que le dieu que j'ai servi ne m'abandonnera pas dans une crise si terrible, car je suis entre les mains des méchans.

— N'ayez pas cette pensée, milady, dit Jeannette: mon père est d'un caractère sévère; il exécute rigidement les ordres qu'on lui a donnés, mais cependant...

Dans ce moment Tony Foster entra dans l'appartement, tenant dans la main une coupe de verre et une petite bouteille; ses manières avaient quelque chose d'étrange; car quoiqu'il n'abordât jamais la comtesse qu'avec le respect dû à son rang, il avait jusqu'alors laissé éclater son caractère bourru, dont peut-être aussi il n'avait pu dissimuler la sombre expression.

Dans cette circonstance il ne montrait rien de ce ton d'autorité qu'il avait coutume de cacher sous une affectation maladroite de civilité et de déférence, à peu près

comme un brigand cache ses pistolets ou son bâton sous un manteau mal coupé. Cependant son sourire semblait être l'effet de la crainte plutôt que de la bienveillance; il pressa la comtesse de prendre un cordial précieux, disait-il, pour relever ses esprits après l'alarme qu'elle venait d'avoir; mais son regard disait qu'il était le complice de quelque sinistre dessein contre elle. Sa main et sa voix tremblaient, et tout son maintien annonçait quelque chose de si suspect que sa fille Jeannette, après être restée quelques secondes à le regarder avec étonnement, parut tout d'un coup se préparer à exécuter quelque action hardie; elle leva la tête, prit un air et une démarche de résolution et d'autorité, et, s'avançant lentement entre son père et sa maîtresse, elle voulut prendre la coupe, et dit d'un ton peu élevé, mais ferme:
— Mon père, je remplirai la coupe, pour ma noble maîtresse, quand ce sera son plaisir.

— Non, mon enfant, dit Foster vivement et avec inquiétude; non, mon enfant, ce n'est pas toi qui rendras ce service à la comtesse.

— Et pourquoi, je vous prie, dit Jeannette, s'il faut que la noble dame goûte de ce cordial.

— Pourquoi! pourquoi! dit le scélérat en hésitant d'abord, et puis se mettant en colère, comme le meilleur moyen pour se dispenser de toute autre raison; pourquoi! parce que je le veux ainsi, ma fille. Allez à l'office du soir.

— Maintenant, je le déclare, comme j'espère en entendre d'autres, reprit Jeannette, je n'irai point ce soir à l'office, à moins d'être plus assurée du sort de ma maîtresse. Donnez-moi ce flacon, mon père; et elle le prit malgré lui de ses mains, qui s'ouvrirent comme par l'effet du remords; — ce qui doit faire du bien à ma maîtresse ne saurait me faire du mal. Mon père, à votre santé.

Foster, sans répondre une parole, se précipita sur sa fille, et lui arracha le flacon des mains. Ensuite, comme troublé de ce qu'il venait de faire, et entièrement incapable de décider ce qu'il ferait après, il resta debout avec le flacon dans les mains, et les jambes écartées, arrêtant sur sa fille un regard dont la rage, la crainte et la scélératesse formaient l'expression hideuse.

— Voilà qui est étrange, mon père, dit Jeannette en fixant sur Foster ce regard par lequel on dit que les gardiens des lunatiques soumettent leurs malheureux malades; ne me laisserez-vous ni servir ma maîtresse, ni boire à sa santé?

Le courage de la comtesse la soutint pendant cette scène terrible; elle conserva même son insouciance naturelle; et, quoique son visage eût pâli à la première alarme, son œil était calme et presque méprisant.

— Voulez-vous goûter ce précieux cordial, M. Foster? Peut-être vous ne refuserez pas de me faire raison, quoique vous ne le permettiez pas à Jeannette. Buvez, je vous en prie.

— Je ne le veux pas, dit Foster.

— Et pour qui donc est réservé ce rare breuvage? dit la comtesse.

— Pour le diable qui l'a composé, reprit Foster; et, tournant sur ses talons, il quitta l'appartement.

Jeannette regarda sa maîtresse d'un air qui exprimait la honte, le chagrin et la douleur.

— Ne pleurez pas sur moi, Jeannette, dit la comtesse avec douceur.

— Non, madame, répliqua sa compagne d'une voix entrecoupée de sanglots. Ce n'est pas pour vous que je pleure, c'est pour moi-même, c'est pour ce malheureux. Ceux qui sont déshonorés devant les hommes, ceux qui sont condamnés par Dieu, ceux-là ont sujet de pleurer, et non ceux qui sont innocens. Adieu, madame, dit-elle en prenant en toute hâte le manteau avec lequel elle avait coutume de sortir.

— Me quittez-vous, Jeannette? dit sa maîtresse; m'abandonnez-vous dans une position si critique?

— Vous abandonner, madame! s'écria Jeannette en courant vers sa maîtresse et couvrant sa main de baisers; vous abandonner! Que mon espérance et ma foi m'abandonnent aussi si jamais cela m'arrive! Non, madame; vous avez dit avec juste raison que le Dieu que vous serviez vous ouvrirait une voie de salut. Il y a un moyen d'échapper : j'ai prié nuit et jour pour être éclairée; j'étais indécise entre l'obéissance que je dois au malheureux qui vient de nous quitter, et celle à laquelle vous avez droit; j'ai été éclairée d'une manière sévère et terrible, et je ne dois point fermer la porte de salut que Dieu vous ouvre. Ne m'en demandez pas davantage; je serai bientôt de retour.

En parlant ainsi, elle s'enveloppa de son manteau, dit à la vieille femme qu'elle rencontra dans l'antichambre qu'elle allait à l'office du soir, et elle sortit.

Cependant son père était de retour dans le laboratoire, où il trouva les complices du crime qu'il n'avait pas osé accomplir.

— L'oiseau a-t-il bu? dit Varney avec un demi-sourire. L'astrologue fit des yeux la même question, mais sans prononcer une parole.

— Non, dit Foster, et ce ne sera pas moi qui lui présenterai le poison. Voudriez-vous me faire commettre un meurtre en présence de ma fille?

— Lâche et méchant coquin! reprit Varney avec amertume, ne t'a-t-on pas dit que dans cette affaire il n'était pas question de meurtre, comme tu l'appelles avec ce regard égaré et cette voix tremblante? Ne t'a-t-on pas dit qu'il ne s'agit que d'une légère indisposition, telle qu'une femme en feint tous les jours, sans conséquence, afin de pouvoir s'étendre avec nonchalance sur un canapé, au lieu de soigner ses affaires domestiques. Voilà un savant qui en jurera par la clef du palais de la sagesse.

— Je jure, dit Alasco, que l'élixir contenu dans la bouteille que tu tiens à la main ne saurait porter atteinte à la vie; je le jure par l'immortelle et indestructible quintessence d'or qui est contenue dans toutes les substances de la nature, quoique son existence secrète ne puisse être découverte que par celui auquel Trismégiste cède la clef de la science cabalistique.

— Voilà un serment de poids! dit Varney. Foster, tu serais pire qu'un païen si tu restais incrédule. Tu me croiras d'ailleurs, moi qui ne jure que sur ma parole, que, si tu fais le récalcitrant, il ne faut pas conserver l'espoir qu'on change ton bail en un acte de propriété. Alasco ne transmutera point ton étain en or; et, pour ce qui me regarde, mon brave Tony, tu ne seras jamais que mon fermier.

— Je ne sais pas, messieurs, dit Foster, quel est le but où tendent vos desseins: mais il est une chose à laquelle je suis résolu; c'est que, quoi qu'il arrive, je veux avoir ici quelqu'un qui prie pour moi, et ce sera ma fille. Je n'ai pas bien vécu, et je me suis trop occupé des affaires de ce monde : mais ma fille est aussi innocente que lorsqu'elle jouait encore sur les genoux de sa mère ; ma fille au moins aura sa place dans cette heureuse cité dont les murs seront d'or pur, et les fondemens de pierres précieuses.

— Certes, Tony, dit Varney, ce serait un paradis selon ton cœur : discutez cette matière avec lui, docteur Alasco ; je serai de retour dans quelques instans. En parlant ainsi, Varney se leva, et, prenant le flacon qui était sur la table, il quitta la chambre.

— Mon fils, dit Alasco à Foster aussitôt après le départ de Varney, je te proteste que, quoi que cet audacieux et impie railleur puisse dire de la science souveraine dans laquelle, avec la grace du ciel, je suis allé si loin, il n'y a aucun artiste vivant que je voulusse appeler mon supérieur et mon maître. Malgré tous les blasphèmes que ce réprouvé ne craint pas de prononcer sur des choses trop saintes pour être comprises par des hommes qui n'ont que des pensées charnelles et coupables, je te proteste que la ville aperçue par saint Jean dans la vision brillante de l'Apocalypse, cette nouvelle Jérusalem, où tous les chrétiens espèrent d'arriver, annonce figurativement la découverte du grand secret, de ce secret par lequel les créations de la nature les plus précieuses et les plus parfaites seront extraites de ses productions les plus viles et les plus grossières ; de même que le papillon aux ailes légères et éclatantes, le plus beau des enfans de la brise d'été, s'échappe de la prison d'une informe chrysalide.

— Maître Holdforth n'a pas parlé de cette version, dit Foster d'un air de doute ; et d'ailleurs, docteur

Alasco, l'Écriture nous apprend que l'or et les pierres précieuses de la cité sainte ne sont aucunement pour ceux qui commettent l'abomination ou qui fabriquent le mensonge.

— Eh bien, mon fils, dit le docteur, que concluez-vous de tout cela?

— Que ceux qui distillent des poisons ou qui les administrent secrètement ne peuvent avoir part à ces ineffables richesses, répondit Foster.

— Il faut distinguer, mon fils, reprit l'alchimiste, entre ce qui est nécessairement mal dans ses moyens et dans sa fin, et ce qui, quoique injuste, peut néanmoins produire du bien. Si la mort d'un individu peut rapprocher de nous l'heureuse époque où il suffira, pour obtenir le bien, de désirer sa présence, et, pour repousser le mal, de désirer son éloignement; l'heureuse époque où la maladie, les souffrances, le chagrin, obéiront en esclaves à la science humaine, et fuiront au moindre signe d'un sage, où tout ce qu'il y a maintenant de plus précieux et de plus rare sera à la portée de tous ceux qui écouteront la voix de la sagesse, où l'art de guérir sera complètement remplacé par le remède universel, où les sages deviendront les monarques de la terre, et où la mort elle-même reculera devant leur pouvoir; si, dis-je, cette consommation divine de toutes choses peut être hâtée par un accident aussi peu important que la perte d'un faible corps terrestre qui, devant nécessairement subir la loi commune, sera déposé dans le tombeau quelques instans plus tôt que ne l'auraient ordonné les lois de la nature, qu'est-ce qu'un pareil sacrifice, je le répète, pour accélérer le saint millénaire (1).

(1) *Millenium* ou *millénaire*. Nous avons déjà eu l'occasion d'ex-

— Le millénaire est le règne des saints, dit Foster toujours avec un air de doute.

— Dis que c'est le règne des sages, mon fils, répondit Alasco, ou plutôt le règne de la sagesse même.

— J'ai touché cette question avec maître Holdforth, dans la dernière conférence, dit Foster; et il soutient que votre doctrine est hétérodoxe, et votre explication fausse et diabolique.

— Il est dans les liens de l'ignorance, mon fils, répondit Alasco; il n'en est encore qu'à brûler des briques en Égypte, ou tout au plus à errer dans l'aride désert de Sinaï. Tu as mal fait de parler de pareilles choses à un tel homme; cependant je te donnerai bientôt une preuve que je défierai ce théologien chagrin de réfuter, quand même il lutterait contre moi comme des magiciens luttèrent contre Moïse devant le roi Pharaon. J'opérerai la projection en ta présence, mon fils, oui, en ta présence; et tes yeux seront témoins de la vérité.

— Insiste là-dessus! savant philosophe, dit Varney, qui entra dans ce moment. Il peut récuser le témoignage de ta bouche; mais comment niera-t-il celui de ses propres yeux?

— Varney, dit le chimiste, Varney, déjà revenu! As-tu... Il s'arrêta court.

— As-tu exécuté ta commission? veux-tu dire, reprit Varney. Oui. Et toi, ajouta-t-il, montrant plus d'émotion qu'il ne l'avait encore fait, es-tu sûr de n'avoir rien versé de plus ou de moins que la mesure exacte?

---

pliquer ce terme: la croyance au millénaire caractérisait une secte chrétienne qu'on appelait la secte des millénaires, qui prétendaient que pendant mille ans après le jugement dernier la terre serait un paradis pour les élus sous le règne du Christ. — Éd.

— Oui, répliqua Alasco, aussi sûr qu'un homme peut l'être dans des proportions aussi délicates, car il y a des constitutions différentes.

— Alors, dit Varney, je suis tranquille; je sais que tu ne ferais pas un pas de plus vers le diable que ton salaire ne t'y oblige. Tu as été payé pour une maladie, et tu regarderais comme une prodigalité insensée de commettre un meurtre pour le même prix. Allons, retirons-nous chacun dans notre appartement; nous verrons demain le résultat.

— Que lui as-tu fait pour la forcer à t'obéir? dit Foster en frémissant.

— Rien, répondit Varney; j'ai seulement fixé sur elle ce regard qui dompte les insensés, les femmes et les enfans. On m'a dit dans l'hôpital Saint-Luc (1) que j'avais justement le regard qu'il fallait pour soumettre un malade rebelle. Les gardiens m'en firent compliment; ainsi je sais comment gagner mon pain quand ma faveur à la cour viendra à me fuir.

— Et ne crains-tu pas, dit Foster, que la dose soit trop forte?

— Si cela est, dit Varney, son sommeil n'en sera que plus profond, et cette crainte n'est pas de nature à troubler mon repos. Adieu, mes amis.

Tony Foster poussa un profond soupir, en levant les yeux et les mains vers le ciel. L'alchimiste annonça sa résolution de consacrer une partie de cette nuit à une expérience de grande importance, et Foster et Varney se séparèrent pour aller chacun dans leur chambre.

(1) Hôpital des fous à Londres. — Éd.

CHAPITRE XXIV.

―――

« Que Dieu veille sur moi dans ce pèlerinage ;
» Car je ne puis attendre aucun secours humain !
» Si chacun à son gré se faisait son destin,
» Qui voudrait naître femme, et consacrer sa vie
» Aux larmes, aux douleurs, à la longue agonie
» De voir que son amour n'obtient plus d'autre prix
» Que froide indifférence et barbare mépris? »

Le Pèlerinage d'amour.

Le jour finissait; Jeannette, au moment où son absence prolongée au-delà de son habitude aurait pu causer des soupçons et provoquer des recherches de la part de gens aussi méfians que ceux qui habitaient Cumnor-Place, se hâta de rentrer, et de monter dans l'appartement où elle avait laissé la comtesse. Elle la trouva la tête penchée sur ses bras, qui étaient croisés sur une table devant laquelle elle était assise; à l'approche de Jeannette, elle ne leva pas les yeux, et ne fit pas le moindre mouvement.

La fidèle suivante courut vers sa maîtresse avec la rapidité de l'éclair, et la touchant légèrement pour la tirer de cette espèce d'engourdissement, elle conjura la comtesse de la regarder et de lui dire ce qui l'avait mise dans cet état. La malheureuse Amy levant la tête à sa prière, et fixant sur sa compagne un œil éteint : — Jeannette, dit-elle, je l'ai bue.

— Dieu soit loué! dit Jeannette vivement. Je veux dire Dieu soit loué qu'il ne soit rien arrivé de pire. Cette potion ne peut vous faire aucun mal. Levez-vous, secouez cette léthargie qui vous accable, et bannissez de votre ame le désespoir.

—Jeannette, répéta la comtesse, ne me dérange point; laisse-moi en repos : laisse-moi finir tranquillement ma vie; je suis empoisonnée.

—Vous ne l'êtes pas, ma très-chère maîtresse, reprit la jeune fille avec transport, vous ne l'êtes pas. Ce que vous avez bu ne peut vous nuire, et je suis venue ici en toute hâte pour vous apprendre que les moyens de fuir sont en votre pouvoir.

— De fuir! s'écria la malheureuse comtesse en se levant de son siège, pendant que ses yeux reprenaient leur éclat et ses joues leur couleur : hélas! Jeannette, il est trop tard!

— Non, ma chère maîtresse. Levez-vous; prenez mon bras, faites un tour dans l'appartement. Ne souffrez pas que votre imagination produise l'effet du poison. Eh bien, ne vous apercevez-vous pas maintenant que vous avez recouvré le parfait usage de vos membres?

—Mon engourdissement semble diminuer, dit la comtesse en se promenant dans l'appartement, appuyée sur les bras de Jeannette; mais est-il bien vrai que je n'ai pas avalé un breuvage mortel? Varney est venu ici en ton absence, et m'a ordonné, avec des regards dans lesquels j'ai lu mon destin, de boire cette horrible drogue. O Jeannette! elle doit être funeste! Jamais breuvage salutaire ne fut présenté par un tel échanson.

— Il ne le croyait pas sans danger, je le crains, répliqua la jeune fille; mais Dieu confond les desseins des méchans. Croyez-moi : j'en jure par le saint Évangile, qui fait notre espoir, votre vie est en sûreté contre ses poisons... Mais n'avez-vous pas cherché à lui résister?

— Le silence régnait autour de moi! Tu n'étais pas là; il était seul dans ma chambre, et je le savais capable de tous les crimes. Je stipulai seulement qu'il me délivrerait de son odieuse présence, et je bus tout ce qu'il me présenta. Mais vous parlez de fuite, Jeannette, serais-je assez heureuse?.....

— Êtes-vous assez forte pour en supporter la nouvelle, et pour chercher à fuir?

— Assez forte! répondit la comtesse : demande à la biche, lorsque la gueule du chien est prête à la saisir, si elle est assez forte pour franchir le précipice. Je me sens tout le courage nécessaire pour m'échapper de ce lieu.

— Écoutez-moi, dit Jeannette : — Un homme, que je crois fermement un de vos fidèles amis, m'est apparu sous divers déguisemens, et a cherché à lier conversation avec moi. Mais, comme jusqu'à ce soir j'étais encore dans le doute, j'ai toujours refusé de l'écouter. C'est le colporteur qui vous a apporté des marchandises, le bouquiniste qui m'a vendu des livres. Toutes les fois que je sortais j'étais sûre de le voir. Les événemens de ce soir m'ont déterminée à lui parler. Il vous attend à la porte de derrière du parc, muni de tout ce qui pourra faciliter votre évasion. Mais vous sentez-vous la force, aurez-vous le courage de fuir?

— Celle qui fuit la mort trouve la force du corps, et celle qui veut échapper à l'infamie ne manque jamais de courage. La pensée de laisser derrière moi le scélérat qui menace mes jours et mon honneur, me donnerait la force de me lever de mon lit de mort.

— Alors, milady, il faut que je vous dise adieu, et que je vous confie à la sainte garde du ciel.

— Ne veux-tu donc pas fuir avec moi, Jeannette? dit la comtesse d'un air troublé. Vais-je te perdre? Est-ce là ta fidélité?

— Je fuirais avec vous, ma chère maîtresse, aussi volontiers que l'oiseau quitte sa cage; mais ce serait faire tout découvrir sur-le-champ, et donner lieu à des poursuites immédiates. Il faut que je reste, et que je tâche de déguiser la vérité. Puisse le ciel me pardonner mon mensonge à cause de la nécessité!

— Et me faudra-t-il donc voyager seule avec cet étranger? dit Amy. Réfléchis, Jeannette; ceci ne pourrait-il pas être quelque intrigue plus noire et mieux conçue, pour me séparer de toi, qui es ma seule amie?

— Non, madame, ne le supposez pas, répondit vivement Jeannette. Ce jeune homme est sincère; il est ami de M. Tressilian, et n'est venu ici que d'après ses instructions.

— S'il est ami de Tressilian, dit la comtesse, je me fierai à sa protection, comme à celle d'un ange envoyé du ciel; car jamais mortel n'a été plus que Tressilian à l'abri de tout reproche de fausseté, de bassesse et d'égoïsme. Il s'oubliait lui-même lorsqu'il pouvait rendre service aux autres. Hélas! et comment en a-t-il été récompensé!

Elles rassemblèrent en toute hâte le peu de choses indispensables qu'il convenait que la comtesse prît avec elle. Jeannette en forma avec adresse et promptitude un petit paquet, auquel elle ne manqua pas d'ajouter tous les bijoux qui se trouvaient sous sa main, et surtout un écrin de diamans, qu'elle pensait avec raison pouvoir être très-utile dans quelque besoin pressant. La comtesse de Leicester changea ensuite ses habits contre ceux que Jeannette avait coutume de porter lorsqu'elle faisait quelque court voyage; car elles jugèrent nécessaire de supprimer toute distinction extérieure qui pouvait attirer l'attention. Avant que ces préparatifs fussent terminés, la lune s'était levée sur l'horizon, et tous les habitans de cette demeure écartée avaient cédé au sommeil, ou du moins s'étaient retirés dans leurs chambres silencieuses. Aucun obstacle n'était à appréhender pour sortir de la maison ou du jardin, pourvu seulement qu'elles ne fussent pas observées. Tony Foster s'était habitué à regarder sa fille comme un pécheur que poursuit sa conscience regarderait un ange gardien qui continuerait à le protéger malgré ses crimes; aussi sa confiance en elle était sans bornes. Jeannette restait maîtresse de toutes ses actions pendant la journée; elle avait une clef de la porte de derrière du parc, de manière qu'elle pouvait aller au village quand elle le voulait, soit pour les affaires du ménage, dont elle était chargée, soit pour remplir les devoirs pieux de sa secte. Il est vrai que la fille de Foster ne jouissait de cette liberté que sous la condition expresse de n'en point profiter pour rien entreprendre qui tendît à délivrer la comtesse ; car on reconnaissait qu'elle était prisonnière depuis les signes d'impatience qu'elle avait montrés au sujet des restrictions qu'on lui avait imposées. Les horribles soupçons excités par la scène de cette soirée suffirent à peine pour décider Jeannette à violer sa parole et à tromper la confiance de son père. Mais, d'après ce dont elle avait été témoin, elle se trouvait non-seulement justifiée, mais encore impérieusement forcée à s'occuper de tout son pouvoir de la sûreté de sa maîtresse, et à mettre de côté toute autre espèce de considération.

La comtesse fugitive et sa suivante traversaient à pas précipités un sentier inégal, reste d'une ancienne avenue. Tantôt ce sentier devenait entièrement obscur à cause des branches touffues des arbres qui s'entrelaçaient au-dessus de leurs têtes, et tantôt une lumière incertaine et trompeuse des rayons de la lune les éclairait par quelques trouées que la hache avait faites dans le bois. Le passage était coupé à chaque instant par des arbres abattus, ou par de grosses branches qu'on laissait éparses jusqu'à ce qu'on eût le temps de les rassembler pour les besoins journaliers du foyer.

Les difficultés et les interruptions qu'éprouvait leur marche, la fatigue et les sensations pénibles de l'espérance et de la crainte, épuisèrent tellement les forces de la comtesse, que Jeannette fut forcée de lui proposer de de s'arrêter quelques minutes pour reprendre haleine. Toutes deux s'assirent sous un vieux chêne, et tournèrent naturellement leurs regards vers le château qu'elles laissaient derrière elles. Sa large façade se distinguait malgré l'obscurité et la distance ; ses groupes de cheminées, ses tours et son horloge s'élevaient au-dessus des toits et se dessinaient sur l'azur foncé du ciel. Une seule lumière y brillait au milieu des ténèbres ; elle était placée si bas qu'elle paraissait plutôt venir de la terrasse située devant le château que d'une des fenêtres. L'effroi s'empara de la comtesse. — Ils nous poursuivent, dit-elle en montrant à Jeannette la clarté qui causait ses alarmes.

Moins agitée que sa maîtresse, Jeannette s'aperçut que la lumière était immobile, et apprit à la comtesse que cette clarté venait du souterrain dans lequel l'alchimiste faisait ses expériences secrètes. — Il est, ajouta-t-elle, du nombre de ceux qui se lèvent et veillent la nuit pour commettre l'iniquité. Quel malheur qu'un funeste hasard ait amené ici un homme qui, dans tous ses discours, mêlant l'espérance des trésors de la terre à des idées d'une science surnaturelle, réunit tout ce qu'il faut pour séduire mon pauvre père ! Le bon M. Holdforth avait bien raison de dire, et je pense qu'il avait dessein que quelques personnes de notre maison y trouvassent une leçon utile : — Il y a des gens qui préféreront, comme le méchant Achab, prêter l'oreille aux songes du prophète Zédéchias, au lieu d'écouter les paroles de ceux par qui le Seigneur a parlé. — Il insistait sur ce point, en ajoutant : — Hélas ! mes frères, il y a parmi vous plusieurs Zédéchias, des hommes qui vous promettent les lumières de leur science charnelle, si vous voulez abandonner la raison qui vous vient du ciel. En quoi valent-ils mieux que le tyran Naas, qui demandait l'œil droit de tous ceux qui lui étaient soumis ?...

On ne sait jusqu'à quel point la mémoire de la jolie puritaine aurait pu l'assister dans la récapitulation du discours de M. Holdforth ; mais la comtesse l'interrompit pour l'assurer qu'elle sentait si bien le retour de ses forces qu'elle était sûre de pouvoir arriver à la porte du parc sans être obligée de s'arrêter de nouveau.

Elles se remirent donc en route, et firent la seconde partie du trajet avec plus de confiance et de courage, avec plus de facilité par conséquent que la première, où elles avaient trop précipité leurs pas. Cette lenteur leur donna le temps de la réflexion ; et Jeannette, pour la première fois, se hasarda à demander à sa maîtresse de quel côté elle comptait diriger ses pas. Ne recevant pas de réponse immédiate, car, peut-être, dans la confusion de ses idées, cet important sujet de délibération ne s'était pas présenté à la comtesse, Jeannette ajouta : — Probablement vers la maison de votre père, où vous êtes assurée de trouver sûreté et protection.

— Non, Jeannette, dit la comtesse tristement ; j'ai laissé le château de Lidcote avec un cœur tranquille et un nom honorable ; je n'y retournerai que lorsque la permission de mon époux et la publication de notre mariage me rendront à ma famille et aux lieux où j'ai pris naissance avec tous les honneurs et toutes les distinctions dont il m'a comblée.

— Et où irez-vous donc, madame? dit Jeannette.

— A Kenilworth, ma fille, répondit la comtesse hardiment ; j'irai voir ces fêtes, ces magnificences royales, dont les préparatifs font tant de bruit. Il me semble que, lorsque la reine d'Angleterre est fêtée dans le château de mon mari, la comtesse de Leicester ne doit pas s'y trouver déplacée.

— Je prie Dieu que vous soyez bien accueillie, dit Jeannette.

— Vous abusez de ma situation, Jeannette, dit la comtesse avec un mouvement d'impatience, et vous perdez la vôtre de vue.

— Hélas! répondit tristement la jeune fille, avez-vous oublié que le noble comte n'a donné des ordres si sévères de tenir votre mariage caché qu'afin de conserver sa faveur à la cour? Pouvez-vous croire que votre subite apparition dans son château, en de telles circonstances et devant de tels témoins, lui sera agréable?

— Vous pensez que je ne lui ferais pas honneur, dit la comtesse; ne retenez pas mon bras; je puis marcher sans votre secours et agir sans vos conseils.

— Ne vous fâchez pas contre moi, dit Jeannette avec douceur, et permettez-moi de vous soutenir encore; le chemin est rude, et vous n'avez guère l'habitude de marcher dans l'obscurité.

— Si vous ne croyez pas que je doive faire honte à mon mari, reprit la comtesse toujours avec le même ton d'humeur, vous supposez donc le comte de Leicester capable de favoriser et peut-être d'avoir ordonné les horribles attentats de votre père et de Varney, dont je parlerai au noble comte?

— Pour l'amour de Dieu, madame, épargnez mon père dans votre rapport, dit Jeannette; que mes services, quelque faibles qu'ils soient, servent d'expiation à ses erreurs.

— Je commettrais la plus grande injustice si j'agissais autrement, ma chère Jeannette, dit la comtesse, qui reprit tout d'un coup sa douceur et sa confiance pour sa fidèle suivante. Oui, Jeannette, jamais je ne dirai un mot qui puisse nuire à ton père; mais tu es témoin, mon enfant, que je n'ai d'autre désir que de m'abandonner à la protection de mon époux. La scélératesse des personnes qui m'entouraient m'a forcée de fuir la demeure qu'il m'avait choisie; mais je ne désobéirai à ses ordres que sur ce seul point. Je ne veux en appeler qu'à lui. Je ne veux être protégée que par lui. Je n'ai jamais fait connaître à qui que ce soit, et ne le ferai jamais sans sa volonté, les nœuds secrets qui unissent nos cœurs et nos destinées. Je veux le voir, et recevoir de sa propre bouche ses instructions pour ma conduite future. Ne cherche point à combattre ma résolution, Jeannette; tu ne ferais que m'y confirmer. A te parler vrai, je suis décidée à connaître mon sort, sans plus de retard, des lèvres mêmes de mon époux; je veux l'aller chercher à Kenilworth : c'est le moyen le plus sûr d'accomplir mon dessein.

Jeannette, en pesant dans son esprit les difficultés et l'incertitude inséparables de la position de sa malheureuse maîtresse, penchait presque vers l'opinion opposée à celle qu'elle venait de manifester. Elle commençait à penser que, tout bien considéré, le premier devoir de la comtesse, en abandonnant la demeure où son époux l'avait placée, était de l'aller trouver pour lui expliquer les raisons de sa conduite.

Elle connaissait toute l'importance que le comte attachait à ce que son mariage fût tenu secret; et elle ne pouvait se dissimuler qu'en faisant sans sa permission une demande qui pouvait le rendre public, la comtesse s'exposerait à toute son indignation. Si elle rentrait dans la maison de son père sans l'aveu formel de son rang, une situation semblable ne pouvait qu'avoir les plus fâcheux effets pour sa réputation; et cet aveu, si elle le faisait, pouvait occasioner entre elle et Leiscester une rupture complète. En outre, à Kenilworth, elle pourrait plaider sa cause auprès de son époux: et, quoique Jeannette n'eût pas en lui la même confiance que la comtesse, elle le croyait incapable d'avoir aucune part aux projets criminels de ses créatures, êtres corrompus auxquels tous les moyens seraient bons pour étouffer les justes plaintes de leur victime. Mais en mettant les choses au pire, et en supposant que le comte lui refusât justice et protection, cependant à Kenilworth, si elle voulait rendre publique l'injustice qu'on lui faisait, elle aurait toujours Tressilian pour avocat, et la reine pour juge; car Jeannette avait appris tout cela dans sa courte conférence avec Wayland. C'est pourquoi elle approuva que sa maîtresse se rendît à Kenilworth, et lui recommanda cependant la plus grande prudence pour faire savoir son arrivée à son époux.

— As-tu toi-même pris toutes tes précautions, Jeannette? dit la comtesse; ce guide auquel je vais me confier, ne lui as-tu pas découvert le secret de mon état?

— Il n'a rien appris de moi, dit Jeannette, et je ne crois pas qu'il en sache plus que ce qu'on pense généralement de votre position.

— Qu'en pense-t-on? demanda Amy.

— Que vous avez quitté la maison de votre père;... mais, vous vous fâcherez de nouveau contre moi, si je continue, dit Jeannette en s'interrompant.

— Non, continue, dit la comtesse; il faut que j'apprenne à supporter les bruits fâcheux auxquels mon imprudence a donné lieu. On pense, je suppose, que j'ai quitté la maison de mon père pour me lier à un amant par des nœuds illégitimes. C'est une erreur qui cessera bientôt; oui, on sera bientôt détrompé; car je suis déterminée à vivre avec une réputation sans tache, ou à ne pas vivre plus long-temps. On me regarde donc comme la maîtresse de Leicester ?

— La plupart vous croient celle de Varney, dit Jeannette ; cependant il y en a qui pensent qu'il n'est que le manteau dont le comte se sert pour cacher ses plaisirs. Il a transpiré quelque chose des grandes dépenses qu'on a faites pour meubler ce château, et une telle profusion surpasse de beaucoup la fortune de Varney ; mais cette dernière opinion n'est pas générale : lorsqu'il est question d'un personnage si élevé, on n'ose pas même donner à entendre les soupçons que l'on conçoit, de peur d'être puni par la *chambre étoilée* (1), pour avoir calomnié la noblesse.

— Ils font bien de parler bas, dit la comtesse, ceux qui peuvent croire l'illustre Dudley complice d'un misérable tel que Varney... Nous sommes arrivées à la porte du parc. Hélas ! ma chère Jeannette, il faut que je te dise adieu ! Ne pleure pas, ma pauvre fille, dit-elle, cherchant à cacher sous une apparence de gaieté sa propre répugnance à se séparer de sa fidèle suivante. Et quand nous nous reverrons, fais que je trouve, Jeannette, au lieu de cette fraise *précisienne* que tu portes maintenant, une dentelle brodée qui laisse voir ton joli cou. Change-moi ce corsage d'étoffe grossière, qui ne peut convenir qu'à une femme de chambre, pour une autre du plus beau velours et de drap d'or. Tu trouveras dans ma chambre quantité d'étoffes, et je t'en fais présent de bon cœur. Il faut que tu te pares, Jeannette ;

(1) *Star-chamber*. Ce tribunal, digne d'un despotisme oriental, avait une juridiction fort étendue, qui comprenait tous les délits que n'atteignaient pas les cours *légales* de justice. — Éd.

car bien que tu sois maintenant la suivante d'une dame malheureuse et errante, sans nom et sans renommée, quand nous nous reverrons il faudra que tes vêtemens puissent convenir à celle qui tiendra la première place dans l'amitié et dans la maison de la première comtesse d'Angleterre.

— Puisse Dieu vous exaucer, ma chère maîtresse, et permettre, non que je porte des habits plus riches, mais que nous puissions toutes deux porter nos corsages sur des cœurs plus contens!

Pendant cet entretien, la serrure de la porte dérobée avait cédé enfin, après quelques efforts d'abord infructueux, à la clef de Jeannette; et la comtesse se trouva, non sans un frémissement secret, au-delà des murs que son époux lui avait désignés comme le terme de ses promenades. Wayland attendait dans la plus grande inquiétude, caché à quelque distance derrière une haie sur les bords de la route.

— Avez-vous tout préparé? lui demanda Jeannette avec émotion, lorsqu'il s'approcha d'elles.

— Tout, répondit-il; mais je n'ai pu trouver un cheval pour la dame. Giles Gosling, en lâche coquin, m'en a refusé un, quelque prix que je lui en aie offert, de peur, a-t-il dit, qu'il ne lui en arrivât malheur. Mais n'importe; elle montera sur mon cheval, et je l'accompagnerai à pied jusqu'à ce que je puisse m'en procurer un autre. On ne pourra nous poursuivre si vous n'oubliez pas votre leçon, charmante mistress Jeannette.

— Pas plus que la sage veuve de Tékoa n'oublia les paroles que Joab mit dans sa bouche, répondit Jeannette : demain je dirai que ma maîtresse ne peut se lever.

— Oui; et qu'elle souffre; qu'elle se sent la tête pesante, des palpitations de cœur, et qu'elle ne veut pas être dérangée. Ne crains rien : ils comprendront à demi-mot, et ne te feront pas beaucoup de questions : ils connaissent la maladie.

— Mais, dit la comtesse, ils découvriront promptement mon absence, et tueront Jeannette pour se venger. J'aime mieux retourner sur mes pas que de l'exposer à un pareil danger.

— N'ayez aucune inquiétude sur ma vie, répondit Jeannette : plût à Dieu que vous fussiez certaine d'être accueillie favorablement par ceux à qui vous devez vous adresser, comme je le suis que mon père, quelque ressentiment qu'il ait contre moi, ne souffrira pas qu'on me fasse le moindre mal.

Wayland plaça la comtesse sur son cheval; il avait disposé son manteau autour de la selle, de manière à lui faire un siège commode.

— Adieu; et puisse la bénédiction de Dieu vous accompagner! dit Jeannette en baisant de nouveau la main de la comtesse, qui lui rendit sa bénédiction avec une caresse muette. Enfin elles se séparèrent; et Jeannette, se tournant vers Wayland, s'écria : — Puisse le ciel vous traiter, quand vous l'implorerez dans vos besoins, selon que vous vous serez montré fidèle ou traître à cette dame si injustement persécutée, et si dépourvue de tout secours!

— Ainsi soit-il, charmante Jeannette! dit Wayland. Croyez-moi, je justifierai votre confiance de manière à mériter que vos beaux yeux, tout dévots qu'ils sont, me regardent avec moins de dédain lorsque nous nous reverrons.

Les dernières paroles de ces adieux furent prononcées à voix basse. Jeannette ne fit pas de réponse directe, mais ses regards, dirigés sans doute par son désir de donner le plus de force possible aux motifs qui pouvaient contribuer à la sûreté de sa maîtresse, n'étaient pas de nature à détruire l'espoir que le discours de Wayland annonçait. Elle rentra par la porte dérobée, et la ferma derrière elle. Wayland prit dans sa main la bride du cheval, et la comtesse et lui commencèrent en silence leur voyage au clair de lune.

Quoique Wayland fît toute la diligence possible, cependant cette manière de voyager était si lente, que lorsque le jour commença à percer les vapeurs de l'orient, ils ne se trouvèrent qu'à dix milles de Cumnor.

— Peste soit de tous ces aubergistes à belles paroles! dit l'artiste, incapable de cacher plus long-temps son dépit et son inquiétude. Si ce traître de Giles Gosling m'avait dit franchement, il y a deux jours, de ne pas compter sur lui, je me serais pourvu ailleurs; mais ils ont tellement l'habitude de promettre tout ce qu'on leur demande, que ce n'est que lorsque vous vous apprêtez à ferrer le cheval que vous apprenez qu'ils n'ont pas de fer. Si j'avais pu le prévoir, j'aurais pu m'arranger de vingt autres manières. Pour une affaire si importante et dans une si bonne cause, je ne me serais pas fait scrupule de dérober un cheval dans quelque pâturage communal; j'en eusse été quitte pour le renvoyer à l'Headborough (1). Puisse le farcin et la morve habiter à jamais les écuries de l'*Ours-Noir !*

La comtesse cherchait à rassurer son guide en lui fai-

---

(1) Constable du bourg. — Éd.

sant observer que le jour, qui commençait à poindre, leur permettrait d'aller plus vite.

— Cela est vrai, madame, répondit-il ; mais le jour fera que d'autres personnes nous remarqueront, ce qui peut être très-fâcheux au commencement de notre voyage. Cette circonstance m'eût été parfaitement indifférente si nous eussions été plus loin : mais le comté de Berks, que je connais depuis long-temps, est rempli de lutins malicieux qui se couchent tard et se lèvent de bonne heure, dans le seul dessein d'espionner les actions d'autrui ; cette engeance m'a mis en danger plus d'une fois. Mais ne vous alarmez pas, ma bonne dame, ajouta-t-il ; car l'esprit, pour peu que l'occasion le seconde, ne manque jamais de trouver un remède à tous les accidens.

Les alarmes de Wayland firent plus d'impression sur la comtesse que les considérations qu'il jugea à propos d'y joindre. Elle regardait autour d'elle avec inquiétude; et à mesure que l'horizon, qui brillait à l'orient d'une teinte plus vive, annonçait l'approche du soleil, elle s'imaginait à chaque pas que le jour naissant les livrerait à la vengeance de ceux dont elle craignait la poursuite, ou que leur voyage allait se trouver interrompu par quelque obstacle insurmontable.

Wayland s'apercevait de ses craintes, et, fâché de lui avoir donné des sujets d'alarmes, il se mit à marcher devant elle en affectant un air gai. Tantôt il parlait à son cheval comme un homme bien au fait du langage des écuries ; tantôt il fredonnait à voix basse des fragmens de chansons ; tantôt il assurait la dame qu'il n'y avait aucun danger, et en même temps il regardait de tous côtés pour découvrir s'il n'y avait rien en vue qui pût donner un démenti à ses paroles au moment même qu'il les prononçait. Ils continuèrent à cheminer de cette sorte, jusqu'à ce qu'un accident inattendu vint leur offrir les moyens de continuer leur route d'une manière plus commode et plus expéditive.

CHAPITRE XXV.

Richard. « Un cheval! un cheval! mon royaume pour un cheval!
Catesby. » Milord, je vais vous donner un cheval. »

Shakspeare. *Richard III*.

Nos voyageurs passaient le long d'une touffe d'arbres sur le bord de la route, lorsque la première créature vivante qu'ils eussent rencontrée depuis leur départ de Cumnor-Place s'offrit à leurs regards. C'était un petit paysan au regard stupide, qui avait l'air d'être un garçon de ferme. Il était nu-tête, vêtu d'une jaquette grise; ses bas tombaient sur ses talons, et il avait aux pieds d'énormes souliers. Il tenait par la bride ce dont, pardessus toutes choses, nos voyageurs avaient le plus besoin, c'est-à-dire un cheval, avec une selle de femme et tout l'équipement assorti. Le paysan accosta Wayland avec ces mots : — Monsieur, c'est vous qui êtes le couple, à coup sûr?

— Certainement nous le sommes, mon garçon, répondit Wayland sans hésiter un instant. Il faut avouer que des consciences formées à une école de morale plus sévère que la sienne auraient pu céder à une occasion si tentante. En parlant ainsi, Wayland prit la bride des mains du paysan, et presque au même moment, il aida la comtesse à descendre de son cheval, et à monter sur celui que le hasard lui offrait. Enfin, tout se passa si naturellement que la comtesse, comme on le sut depuis, ne douta en aucune manière que ce cheval n'eût été ainsi placé sur son chemin par la précaution de son guide ou d'un de ses amis. Cependant le jeune homme, qui se voyait si lestement débarrassé de son dépôt, commença à rouler de grands yeux et à se gratter la tête, comme s'il eût senti quelques remords d'abandonner le cheval sur une explication aussi succincte.

— Je suis parfaitement sûr que voilà le couple, murmura-t-il entre ses dents; mais tu aurais dû dire *Fève*, comme tu sais.

— Oui, oui, dit Wayland au hasard, et toi *Lard*, n'est-ce pas?

— Non, non; attendez: c'est *Pois* que j'aurais dû dire.

— Eh bien! dit Wayland, que ce soit *Pois*, si tu le veux, quoique le lard eût été un meilleur mot d'ordre.

Alors, se trouvant monté sur son propre cheval, il retira la bride des mains du jeune rustre, qui hésitait encore à le lui livrer, et, lui jetant une pièce d'argent, il chercha à réparer le temps perdu en partant au grand trot, sans autres pourparlers. Le jeune garçon restait au bas de la colline que nos voyageurs montaient, et Wayland, se retournant, l'aperçut les doigts dans ses cheveux, immobile comme un poteau, et la tête tournée dans la direction qu'ils avaient prise en le quittant. Enfin, au moment où ils atteignirent le sommet de la colline, ils le virent se baisser pour ramasser le groat d'argent que sa générosité lui avait laissé.

— Ma foi, dit Wayland, voilà ce que j'appelle un don du ciel; c'est une bonne petite bête qui va fort bien, et qui vous portera jusqu'à ce que je puisse vous en procurer une autre aussi bonne. Alors nous la renverrons pour satisfaire la clameur de haro (1).

Mais il se trompait dans sa confiance, et le destin, qui leur semblait d'abord si favorable, leur donna bientôt lieu de craindre que l'incident dont Wayland se glorifiait ainsi ne devînt la cause de leur ruine complète.

Ils n'avaient pas encore fait un mille depuis la rencontre du jeune garçon, lorsqu'ils entendirent derrière eux un homme qui criait à tue-tête : — Au voleur! arrête! au voleur! et d'autres exclamations de même nature. La conscience de Wayland lui fit aisément soupçonner que ceci devait être une suite de l'acquisition facile qu'il venait de faire.

(1) *Hue et cry.* — *La Huée.* Ce qui veut dire le cri : *Au voleur*, et les gens de la police chargés d'arrêter les malfaiteurs. Enfin on appelle lever la clameur de haro, *to raise the hue and cry*, l'ordre donné par le constable d'arrêter le voleur sur la dénonciation du volé. Il n'est pas nécessaire d'un *warrant* du juge de paix quand le vol est bien prouvé — Éd.

— Il eût mieux valu pour moi aller nu-pieds toute ma vie, pensa-t-il. On pousse contre nous clameur de haro, et je suis un homme perdu. Ah! Wayland! Wayland! plus d'une fois ton père t'a prédit que les chevaux te conduiraient quelque jour à la potence. Que je me retrouve sain et sauf au milieu des amateurs de courses de Smithfield ou de Turnball-Street, et je leur donnerai la permission de me pendre aussi haut que le clocher de Saint-Paul, si l'on me reprend à me mêler des affaires des grands, des chevaliers ou des dames.

Au milieu de ces tristes réflexions, il tourna sa tête pour voir qui le poursuivait, et il se trouva fort soulagé lorsqu'il découvrit que ce n'était qu'un cavalier; il était bien monté, et s'approchait avec une rapidité qui ne leur permettait pas de songer à fuir, quand même la comtesse se serait trouvée assez forte pour galoper de toute la vitesse de son cheval.

— Les chances sont égales entre nous, pensa Wayland, puisqu'il n'y a qu'un homme de chaque côté; et celui qui nous poursuit se tient à cheval plutôt comme un singe que comme un cavalier. Si nous en venons aux moyens extrêmes, il me sera aisé de le désarçonner. Mais quoi! je crois que son cheval va se charger lui-même de cette opération, car il a le mors aux dents. Diable, qu'ai-je besoin de m'inquiéter? dit-il en croyant le reconnaître tout à coup. Ce n'est que ce petit mercier d'Abingdon.

L'œil expérimenté de Wayland avait distingué juste malgré l'éloignement. Le cheval du vaillant mercier, déjà excité par son ardeur naturelle, et apercevant deux chevaux anglais devant lui, à la distance de quelques centaines de toises, se mit à courir avec une vigueur qui dérangea tout-à-fait l'équilibre de son cavalier. Celui-ci non-seulement atteignit, mais passa au grand galop ceux qu'il poursuivait, quoiqu'il ne cessât de tirer sa bride et de crier : — Arrête! arrête! exclamation qui semblait plutôt s'adresser à son cheval qu'à ceux qu'il laissait derrière lui. Ce fut avec la même vitesse qu'il fit près d'un demi-mille avant de pouvoir l'arrêter; enfin il retourna vers nos voyageurs, réparant de son mieux le désordre de ses vêtemens, et cherchant à remplacer par un air fier et martial la confusion et le chagrin qui s'étaient peints sur son visage pendant sa course involontaire.

Wayland eut le temps de prévenir la comtesse de ne pas s'alarmer. — Cet homme est imbécile, lui dit-il, et je vais le traiter comme tel.

Quand le mercier eut recouvré assez d'haleine et de courage pour se présenter devant eux, il ordonna à Wayland, d'un ton menaçant, de lui rendre son coursier.

— Comment, dit Wayland avec l'emphase du roi Cambyse (1), on nous commande de nous arrêter et de donner notre bien sur la grande route du roi? Allons, sors de ton fourreau, mon Excalibar (2), et prouve à ce preux chevalier que la force des armes doit décider entre nous.

— Haro! au secours! main-forte! A moi tous les honnêtes gens! On veut me retenir ce qui m'appartient légitimement.

— C'est en vain que tu invoques tes dieux, infame

---

(1) Tragédie ampoulée dont Shakspeare se moque souvent. Expression qui répond au mot *emphatiquement*. — Éd.

(2) Nom de l'épée d'Arthur. — Éd.

païen! car je veux accomplir mon dessein, quand je serais sûr d'y périr. Cependant sache, infidèle marchand d'étoffes, que je suis le colporteur que tu t'es vanté de vouloir dépouiller de sa balle dans la plaine de Maiden-Castle. C'est pourquoi, prépare-toi sur-le-champ au combat!

— Je ne l'ai dit qu'en plaisantant, dit Goldthred; je suis un honnête citoyen, un boutiquier, et je ne suis pas fait pour assaillir qui que ce soit derrière une haie.

— Alors, par ma foi, très-redoutable mercier, je regrette le vœu que j'ai fait de te prendre ton coursier la première fois que je te rencontrerais, et d'en faire présent à ma maîtresse, à moins que tu ne veuilles le défendre par les armes; mais le serment en est prononcé; tout ce que je puis faire pour toi, c'est de laisser le cheval à Donnington, dans l'hôtellerie que tu voudras.

— Mais je vous assure, dit le mercier, que c'est le cheval sur lequel je devais, aujourd'hui même, mener Jane Thackham de Shottesbrock à l'église paroissiale, ici près, pour changer son nom en celui de dame Goldthred. Elle a sauté par la petite fenêtre de la grange du vieux Gaffer Thackham, et la voilà à l'endroit où elle devait trouver le cheval, avec sa mantille de camelot, et son fouet à manche d'ivoire; voyez la véritable image de la femme de Loth. Je vous en prie le plus poliment possible, rendez-moi mon cheval.

— J'en suis fâché, dit Wayland, autant pour la belle demoiselle que pour toi, très-noble chevalier de la mousseline; mais il faut que les vœux s'accomplissent; tu trouveras ton cheval à Donnington, à l'auberge de l'*Ange;* c'est tout ce que je puis faire pour toi, en conscience.

— Le diable soit de ta conscience! dit le mercier désolé; voudrais-tu qu'une fiancée se rendît à l'église à pied?

— Tu peux la mettre en croupe derrière toi, messire Goldthred, répondit Wayland; cela calmera un peu l'ardeur de ton coursier.

— Oui : et si vous oubliez de laisser mon cheval, comme vous en avez l'intention? demanda Goldthred non sans beaucoup hésiter, car le courage commençait à lui manquer.

— Ma balle restera en gage pour ton cheval : elle est chez Giles Gosling, dans la chambre tendue de cuir damasquiné; elle est pleine de velours à un, à deux et à trois poils, de taffetas, de damas, de pluche, de gros de Naples, de brocart...

— Arrête! arrête! s'écria le mercier; je veux être pendu s'il y a la moitié de ce que tu dis. Mais si jamais je confie le pauvre Bayard à d'autres rustauds...

— Comme vous voudrez, bon M. Goldthred, et là-dessus je vous souhaite bien le bonjour. Bon voyage, ajouta-t-il en continuant sa route avec la comtesse, pendant que le mercier, décontenancé, s'en allait beaucoup plus lentement qu'il n'était venu, cherchant les excuses qu'il pourrait faire à sa triste fiancée, qui attendait son valeureux écuyer au milieu de la route.

— Il me semble, dit la comtesse, que l'original que nous quittons me regardait comme s'il se souvenait de m'avoir vue, et cependant je me cachais le visage autant qu'il m'était possible.

— Si je pouvais le penser, dit Wayland, je retournerais pour lui briser le crâne, et je n'aurais pas peur d'endommager sa cervelle; car tout ce qu'il en a ne ferait pas une bouchée pour un oison qui vient de naître Néanmoins il vaut mieux continuer notre route; à Donnington nous laisserons le cheval de cet imbécille, afin de lui ôter toute envie de nous poursuivre, et nous changerons nos costumes, de manière à éluder ses recherches, s'il les continuait.

Les voyageurs arrivèrent à Donnington sans autre alarme. Il était nécessaire que la comtesse y goûtât quelques heures de repos. Pendant cet intervalle, Wayland s'occupa avec autant de promptitude que d'adresse à prendre les mesures qui pouvaient assurer le succès de leur voyage.

Après avoir changé son manteau de colporteur contre une espèce de fourreau, il mena le cheval de Goldthred à l'auberge de l'*Ange*, qui était à l'extrémité du village opposée à celle où nos voyageurs s'étaient établis. Dans la matinée, en faisant ses autres affaires, il vit le cheval ramené par le mercier lui-même, qui, à la tête d'un vaillant détachement des gens de la clameur de haro, était venu reconquérir son bien par la force des armes. Il lui fut restitué sans autre rançon qu'une bonne quantité d'ale, bue par ses auxiliaires, que leur marche avait probablement altérés, et sur le prix de laquelle maître Goldthred soutint une dispute très-vive contre l'Headborough, qu'il avait appelé à son aide pour soulever le pays contre les voleurs.

Ayant fait cette restitution, aussi juste que prudente, Wayland se procura pour sa compagne et pour lui-même deux habillemens complets, qui leur donnaient un air de campagnards aisés. Il fut résolu en outre qu'afin de laisser moins de prise à la curiosité, la comtesse passerait sur la route pour la sœur de son guide.

Un bon cheval non fougueux, mais qui pouvait facilement suivre le sien, et dont l'allure était assez douce pour pouvoir convenir à une dame, compléta les préparatifs de voyage. Wayland le paya des fonds que Tressilian lui avait confiés pour cet emploi. Ainsi, environ vers midi, la comtesse se trouvant remise par quelques heures d'un profond repos, ils poursuivirent leur route avec le dessein de se rendre à Kenilworth le plus promptement possible, par Coventry et Warwick; mais ils n'étaient pas destinés à aller bien loin sans rencontrer de nouveaux sujets d'alarmes.

Il est nécessaire d'apprendre ici au lecteur que le maître de l'auberge avait informé nos fugitifs qu'une troupe joyeuse, qui devait, à ce qu'il croyait, figurer dans quelques-uns de ces masques (1) ou scènes allégoriques qui faisaient partie des amusemens qu'on offrait ordinairement à la reine dans les voyages de la cour, avait quitté Donnington une heure ou deux avant eux pour se rendre à Kenilworth. Wayland, sur cet avis, s'était imaginé qu'en se joignant, si la chose était possible, à cette troupe, aussitôt qu'ils l'atteindraient sur la route, ils seraient moins remarqués que s'ils continuaient à voyager seuls.

Il communiqua cette idée à la comtesse, qui, ne désirant que d'arriver à Kenilworth sans interruption, le laissa libre dans le choix des moyens. Ils pressèrent donc leurs chevaux afin d'atteindre cette troupe de comédiens, et de faire route avec eux. Ils venaient d'apercevoir la petite caravane, composée de gens à pied et

---

(1) Nous avons déjà défini ces espèces d'intermèdes de théâtre.
Éd.

de cavaliers, gravissant le sommet d'une petite montagne à la distance d'un demi-mille, lorsque Wayland, qui observait tout avec la plus grande attention, s'aperçut qu'un homme arrivait derrière eux sur un cheval d'une vitesse extraordinaire; il était accompagné d'un domestique dont les efforts ne pouvaient suffire pour suivre le trot du cheval de son maître, et qui en conséquence était obligé de mettre le sien au galop. Wayland regarda ces cavaliers avec inquiétude; il parut se troubler, regarda encore une fois derrière lui et pâlit en disant à la comtesse :

— C'est le fameux trotteur de Richard Varney; je le reconnaîtrais entre mille chevaux. Voici une plus fâcheuse rencontre que celle du marchand mercier.

— Tirez votre épée, lui dit Amy, et percez-moi le cœur plutôt que de me laisser tomber entre ses mains.

— Je préférerais mille fois la lui passer au travers du corps ou m'en percer moi-même; mais à dire vrai, ce que j'entends le mieux ce n'est pas de me battre, quoique l'acier ne me fasse pas plus de peur qu'à un autre, lorsqu'il y a nécessité de m'en servir. Mais la vérité est que mon épée — (un peu plus vite, je vous prie,) — n'est qu'une mauvaise rapière, et je puis assurer que la sienne est une des meilleures Tolèdes du monde. Il a un domestique en outre, et je crois que c'est ce coquin d'ivrogne de Lambourne; il est monté sur le même cheval dont il se servit, dit-on, — (Je vous supplie d'aller un peu plus vite.) — lorsqu'il vola un riche marchand de bestiaux de l'Ouest. Ce n'est pas que je craigne Varney ni Lambourne dans une bonne cause; — (Votre cheval peut aller encore plus vite si vous l'excitez.) — Mais encore, — (Ah! prenez garde! ne lui laissez pas prendre le galop, de peur qu'ils ne s'aperçoivent que nous les craignons, et qu'ils ne nous poursuivent; maintenez-le seulement au grand trot.) — mais encore, quoique je ne les craigne pas, je serais content d'en être débarrassé, et plutôt par l'adresse que par la violence. Si nous pouvions atteindre cette troupe devant nous, nous pourrions nous y joindre et filer sans être observés, à moins que Varney ne soit décidément venu à notre poursuite.

Pendant qu'il parlait ainsi, Wayland pressait et retenait tour à tour son cheval, craignant non-seulement de faire soupçonner qu'ils fuyaient, mais encore d'être atteints.

Ils gravirent ainsi la colline dont nous avons parlé; lorsqu'ils furent au sommet, ils eurent le plaisir d'apercevoir la petite caravane arrêtée dans le fond du vallon près d'un petit ruisseau, sur les bords duquel s'élevaient deux ou trois chaumières, ce qui donna à Wayland l'espoir de la joindre. Wayland était d'autant plus inquiet que sa compagne, sans exprimer aucune crainte, et sans se plaindre, commençait à devenir si pâle qu'il s'attendait à chaque instant à la voir tomber de cheval. Malgré ces symptômes de faiblesse, elle poussa son coursier si vivement qu'ils atteignirent les voyageurs dans le fond de la vallée avant que Varney parût sur le sommet de la colline.

Ils trouvèrent dans le plus grand désordre la compagnie à laquelle ils comptaient s'associer. Les femmes, qui avaient les cheveux épars, étaient groupées avec un air d'importance à la porte de l'une des chaumières; elles y entraient ou en sortaient à chaque instant. Les hommes étaient alentour, tenant leurs chevaux par la bride, et ayant l'air assez sot, comme c'est souvent l'usage quand il s'agit d'affaires où l'on n'a pas besoin d'eux.

Wayland et la comtesse s'arrêtèrent comme par curiosité; puis peu à peu, sans faire aucune question, sans qu'on leur en adressât aucune, ils se mêlèrent à la caravane comme s'ils en eussent toujours fait partie.

Il n'y avait pas plus de cinq minutes qu'ils étaient dans le vallon, ayant grand soin de se tenir, autant que possible, sur les bords de la route, de manière à placer les autres voyageurs entre eux et Varney, lorsque l'écuyer de lord Leicester, suivi de Lambourne, descendit rapidement la colline : les flancs de leurs chevaux et les mollettes de leurs éperons portaient les marques sanglantes de la vitesse avec laquelle ils voyageaient. L'extérieur des personnes arrêtées autour des chaumières, qui, sous un habit de bougran, cachaient leurs costumes de théâtre (1); leur petite charrette légère pour transporter leurs décorations, et les différens objets bizarres qu'ils tenaient à la main, pour qu'ils souffrissent moins du transport, révélèrent bientôt aux cavaliers la profession de la compagnie.

— Vous êtes comédiens, dit Varney, et vous vous rendez à Kenilworth?

— *Recte quidem, domine spectatissime:* oui, seigneur très-magnifique, répondit un des acteurs.

— Et pour quel motif du diable vous arrêtez-vous ici, dit Varney pendant qu'en faisant la plus grande diligence vous arriverez à peine à Kenilworth? La reine

---

(1) *Masquing-dresses*, habits pour jouer dans les masques.
ED.

dîne demain à Warwick, et vous vous amusez en route, drôles que vous êtes!

— En vérité, monsieur, dit un jeune garçon portant un masque garni d'une paire de cornes du plus beau rouge; un vêtement collant de serge noire attaché avec des cordons, des bas rouges et des souliers faits exprès pour imiter le pied fourchu du diable; en vérité, monsieur, vous avez deviné juste; c'est mon père le diable, qui, ayant été surpris par les douleurs de l'enfantement, a retardé notre voyage pour augmenter notre troupe d'un diablotin de trop.

— Comment, le diable! dit Varney dont la gaieté n'allait jamais au-delà d'un sourire caustique.

— Le jeune homme a dit la vérité, reprit le masque qui avait parlé le premier; notre diable en chef, car celui-ci n'est que le second, est en ce moment à crier *Lucina, fer opem*, dans ce *tugurium;* sous cet humble toit.

— Par saint Georges ou plutôt par le dragon, qui est probablement parent du petit diable futur, voilà un hasard des plus comiques! dit Varney; qu'en dis-tu, Lambourne? veux-tu servir de parrain pour cette fois? Si le diable avait à choisir un compère, je ne connais personne plus digne de cet honneur.

— Excepté lorsque mes supérieurs sont en présence, dit Lambourne avec l'impudence à demi respectueuse d'un domestique qui sait que ses services sont trop indispensables pour qu'on ne lui passe pas quelques plaisanteries.

— Quel est le nom de ce diable ou de cette diablesse qui a si mal pris son temps? dit Varney. Nous ne pouvons guère nous passer d'aucun de nos acteurs.

— *Gaudet nomine Sibyllæ*, dit le premier interlocuteur.

Elle s'appelle Sibylle Laneham, femme de maître Richard Laneham.

— L'huissier de la chambre du conseil! dit Varney. Comment! elle est inexcusable; son expérience aurait dû lui apprendre à mieux faire ses dispositions. Mais qui étaient cet homme et cette femme qui ont monté la colline avec tant de vitesse il n'y a qu'un moment? sont-ils de votre compagnie?

Wayland allait hasarder une réponse à cette alarmante question, lorsque le petit diablotin se mit encore en avant.

— Sous votre bon plaisir, dit-il en s'approchant de Varney, et parlant de manière à n'être pas entendu de ses compagnons, l'homme est un diable de première classe, qui sait assez de tours pour en remplacer cent comme Sibylle Laneham. Et la femme, sous votre bon plaisir, est la sage personne dont les secours sont le plus particulièrement nécessaires à notre carmarade.

— Comment! vous avez une sage-femme ici? dit Varney. Véritablement la vitesse dont elle allait, annonçait bien qu'elle se rendait dans un lieu où l'on avait un grand besoin d'elle. Ainsi donc vous avez en réserve un autre membre du sénat de Belzébut, pour tenir la place de mistress Laneham.

— Certainement, monsieur, dit le petit drôle; ils ne sont pas aussi rares dans ce monde que Votre Honneur pourrait le supposer. Ce maître démon va, si c'est votre plaisir, jeter quelques milliers d'étincelles, et vomir devant nous des nuages de fumée: vous croiriez qu'il a l'Etna dans l'abdomen.

— Je n'ai pas le temps de m'arrêter pour voir cette merveille, très-illustre fils de l'enfer; mais voici de quoi boire à l'heureux événement; et, comme dit la comédie, Dieu bénisse vos travaux.

En parlant ainsi, il piqua des deux et continua sa route.

Lambourne s'arrêta un moment après son maître, pour fouiller dans sa bourse; il en tira une pièce d'argent qu'il donna au diablotin communicatif. C'était, disait-il, pour l'encourager à poursuivre sa route vers le feu des infernales régions, dont il pouvait distinguer quelques étincelles qui s'échappaient déjà de ses yeux. Après avoir reçu les remerciemens du jeune garçon, il fit sentir l'éperon à son cheval, et courut après son maître aussi vite que l'étincelle jaillit du caillou frappé par l'acier.

— Et maintenant, dit le rusé diablotin en s'approchant du cheval de Wayland, et en faisant en l'air une gambade qui justifiait ses prétentions à la parenté du prince de cet élément, je leur ai dit qui vous êtes, dites-moi à votre tour qui je suis?

— Ou Flibbertigibbet ou un véritable enfant du diable, répondit Wayland.

— Tu l'as dit, reprit Dick Sludge: tu vois ton Flibbertigibbet. Je me suis délivré de mes liens avec mon savant précepteur, comme je te disais que je le ferais, qu'il le voulût ou non. Mais quelle dame as-tu là avec toi? J'ai vu que tu étais dans l'embarras dès la première question, c'est pourquoi je suis venu à ton secours; mais il faut que je sache ce qu'elle est, mon cher Wayland?

— Tu sauras cinquante autres choses plus belles encore, mon cher compagnon, dit Wayland; mais trêve de questions pour le moment, et puisque vous allez à

Kenilworth, je vous y accompagnerai pour l'amour de ton aimable figure et de ta société spirituelle.

— Tu aurais dû dire ma figure spirituelle et mon aimable société, reprit Dick; mais comment voyageras-tu avec nous? je veux dire en quelle qualité?

— Sous la qualité que tu m'as toi-même choisie, sans doute, comme escamoteur. Tu sais que je connais le métier, dit Wayland.

— Oui, mais la dame? repartit Flibbertigibbet, car je dois te dire que je devine que c'en est une; et tu es dans l'embarras à cause d'elle, comme je le vois par ton impatience.

— *Elle,* dit Wayland, ce n'est pas autre chose qu'une pauvre sœur à moi; elle chante et joue du luth d'une manière qui ferait sortir les poissons de l'eau.

— Fais-la-moi entendre sur-le-champ, dit le jeune garçon. J'aime beaucoup le luth; rien ne me plaît tant au monde, quoique je ne l'aie jamais entendu.

— Comment peux-tu l'aimer alors, Flibbertigibbet? dit Wayland.

— Comme les chevaliers aiment leurs dames dans les vieux romans, *par oui-dire.*

— Eh bien! aime-le *par oui-dire* un peu plus long-temps, jusqu'à ce que ma sœur soit remise des fatigues de son voyage, dit Wayland en ajoutant entre ses dents : — Au diable la curiosité de ce petit nain! Mais il ne faut pas que je me brouille avec lui, ou nous nous en trouverons mal.

Après cette conversation, il alla offrir à maître Holyday ses propres talens comme jongleur, et ceux de sa sœur comme musicienne. On lui demanda quelques preuves de son habileté; il ne se fit pas prier, et en donna de si convaincantes que les acteurs, chargés d'agréger dans leur société un homme de cette habileté, se contentèrent des excuses qu'il offrit pour sa sœur, qu'on voulait mettre aussi à l'épreuve.

Les nouveaux venus furent invités à prendre part aux rafraîchissemens dont la compagnie était pourvue, et ce ne fut pas sans difficulté que Wayland trouva l'occasion de parler en particulier, pendant le repas, à sa sœur supposée : il en profita pour la conjurer d'oublier pour le moment et ses chagrins et son rang, et de condescendre à faire société avec ceux qui devaient être ses compagnons de voyage, puisque c'était le moyen le plus sûr de ne pas être découvert.

La comtesse sentit toute l'urgence du cas; et, lorsqu'on se mit en route, elle chercha à suivre les conseils de son guide, et, s'adressant à une comédienne qui était près d'elle, elle témoigna beaucoup d'intérêt pour la femme qu'on était ainsi obligé d'abandonner.

— Oh! elle est bien soignée, madame, répliqua la comédienne, qui, par son humeur enjouée, aurait pu être l'emblème parfait de *la femme de Bath* (1). Ma commère Laneham traite tout cela aussi légèrement que qui que ce soit : dès le neuvième jour, si les fêtes durent aussi long-temps, elle sera avec nous à Kenilworth, quand elle serait forcée de voyager avec son poupon sur le dos.

Il y avait dans ce discours un certain ton libre qui ôta à la comtesse de Leicester toute envie de continuer la conversation : mais elle avait rompu le charme en parlant la première à sa compagne; et la bonne dame

(1) Héroïne d'un conte de Chaucer rajeuni par Pope. — Éd.

qui devait remplir, dans un des intermèdes, le rôle de Gilian de Croydon (1), eut soin d'empêcher que le silence ne rendît le voyage trop sombre. Elle raconta à sa silencieuse compagne des milliers d'anecdotes de fêtes royales où elle s'était trouvée depuis le temps du roi Henry jusqu'à ce jour, lui détailla l'accueil que lui avaient fait les grands seigneurs, lui apprit les noms des acteurs qui jouaient les principaux rôles; elle finissait toujours ses récits en disant que tout cela ne serait rien en comparaison des réjouissances magnifiques qui auraient lieu à Kenilworth.

— Et quand y arriverons-nous? dit la comtesse avec une agitation qu'elle cherchait en vain à dissimuler.

— Nous qui sommes à cheval nous pouvons être à Warwick ce soir, et Kenilworth n'est qu'à quatre ou cinq milles de distance. Mais il nous faudra attendre ceux qui sont à pied. Cependant il est probable que le bon comte de Leicester enverra à leur rencontre des chevaux ou des voitures, afin de leur éviter la fatigue du voyage à pied, qui, comme vous pouvez penser, est un fort mauvais préparatif pour danser devant des gens de la cour. Néanmoins j'ai vu le temps où, avec l'aide de Dieu, j'aurais fait cinq lieues à pied le matin, et sauté sur la pointe du pied toute la soirée, comme le plat d'étain qu'un jongleur fait tourner sur la pointe d'une aiguille. L'âge a un peu diminué mon ardeur; mais, lorsque la musique et mon cavalier me conviennent, je peux danser une gigue aussi bien et aussi long-temps qu'aucune jouvencelle du comté de Warwick qui, pour écrire son âge, est obligée d'employer le malheureux chiffre quatre, suivi d'un zéro.

(1) Dans le *Charbonnier de Croydon* — É.D.

Si la comtesse se trouvait accablée de la loquacité de cette bonne femme, Wayland, de son côté, avait assez à faire pour soutenir et éluder les fréquentes attaques de l'infatigable curiosité de son ancienne connaissance Richard Sludge. Le caractère de ce nain malicieux, naturellement porté à tout observer et à s'informer de tout, s'alliait parfaitement à la tournure piquante de son esprit. Autant il espionnait les autres, autant il lui était impossible de résister au désir de se mêler de leurs affaires quand il en avait surpris le secret, quoiqu'elles ne le concernassent en rien. Il passa toute la journée à lorgner la comtesse sous son masque, et probablement ce qu'il y découvrit ne fit qu'acroître sa curiosité.

— Cette sœur à toi, Wayland, disait-il, a le cou bien blanc pour être née dans une forge, et la main bien délicate et bien blanche pour avoir été habituée à tourner un fuseau. Je t'assure par ma foi que je croirai à votre parenté lorsque l'œuf du corbeau produira un cygne.

— Tais-toi, dit Wayland, tu es un petit babillard, et tu mériterais de sentir les verges pour ton assurance.

— Fort bien, dit le lutin en s'écartant : tout ce que je puis dire, c'est que vous me cachez un secret, souvenez-vous-en ; et, si je ne vous rends un Roland pour un Olivier (1), mon nom n'est pas Dick Sludge.

Cette menace, et la distance à laquelle le malin espiègle se tint de lui pendant le reste du jour, alarma beaucoup Wayland. C'est pourquoi il suggéra à sa prétendue sœur l'idée de demander à s'arrêter, sous pré-

---

(1) Expression proverbiale ; on dirait chez nous dans le même sens : à Normand, Normand et demi. — Éd.

texte de lassitude, à trois ou quatre milles de la bonne ville de Warwick, en promettant de joindre la troupe le lendemain dans la matinée. Une petite auberge de village leur offrit un asile pour se reposer; et ce fut avec un secret plaisir que Wayland vit toute la troupe, y compris Dick Sludge, continuer sa route après des adieux affectueux.

—Demain, madame, dit-il à sa compagne de voyage, si vous le trouvez bon, nous nous remettrons en route de bonne heure, afin d'atteindre Kenilworth avant la foule qui doit y arriver.

La comtesse approuva la proposition de son fidèle guide; mais, à son grand étonnement, elle ne dit rien de plus à ce sujet. Cette réserve laissait ignorer à Wayland si elle avait formé quelque plan pour ses démarches futures, sachant bien que sa position exigeait une conduite circonspecte, quoiqu'il n'en connût qu'imparfaitement toutes les particularités. Cependant il conclut de ce silence qu'elle devait avoir dans le château des amis à la protection desquels elle pourrait se fier, et que sa tâche serait entièrement remplie en l'y conduisant, conformément à ses ordres réitérés.

FIN DU TOME SECOND DE KENILWORTH.

ŒUVRES COMPLÈTES
DE
SIR WALTER SCOTT.

Cette édition sera précédée d'une notice historique et littéraire sur l'auteur et ses écrits. Elle formera soixante-douze volumes in-dix-huit, imprimés en caractères neufs de la fonderie de Firmin Didot, sur papier jésus vélin superfin satiné; ornés de 72 *gravures en taille-douce* d'après les dessins d'Alex. Desenne; de 72 *vues* ou *vignettes* d'après les dessins de Finden, Heath, Westall, Alfred et Tony Johannot, etc., exécutées par les meilleurs artistes français et anglais; de 30 *cartes géographiques*, destinées spécialement à chaque ouvrage; d'une *carte générale de l'Écosse*, et d'un *fac-simile* d'une lettre de Sir Walter Scott, adressée à M. Defauconpret, traducteur de ses œuvres.

CONDITIONS DE LA SOUSCRIPTION.

Les 72 volumes in-18 paraîtront par livraisons de 3 volumes de mois en mois; chaque volume sera orné d'une *gravure en taille-douce* et d'un titre gravé, avec une *vue* ou *vignette*, et chaque livraison sera accompagnée d'une ou deux *cartes géographiques*.

Les *planches* seront réunies en un cahier séparé formant *atlas*.

Le prix de la livraison, pour les souscripteurs, est de 12 fr. et de 25 fr. avec les gravures avant la lettre.

Depuis la publication de la 3ᵉ livraison, les prix sont portés à 15 fr. et à 30 fr.

ON NE PAIE RIEN D'AVANCE.

Pour être souscripteur il suffit de se faire inscrire à Paris

Chez les Éditeurs :

CHARLES GOSSELIN, LIBRAIRE	A. SAUTELET ET Cᵒ,
DE S. A. R. M. LE DUC DE BORDEAUX,	LIBRAIRES,
Rue St.-Germain-des-Prés, n. 9.	Place de la Bourse.

www.ingramcontent.com/pod-product-compliance
Lightning Source LLC
Chambersburg PA
CBHW070529170426
43200CB00011B/2372